BEI GRIN MACHT SICH WISSEN BEZAHLT

- Wir veröffentlichen Ihre Hausarbeit,
  Bachelor- und Masterarbeit

- Ihr eigenes eBook und Buch -
  weltweit in allen wichtigen Shops

- Verdienen Sie an jedem Verkauf

Jetzt bei www.GRIN.com hochladen
und kostenlos publizieren

Die Implementierung personalisierten Lernens mithilfe digitaler Medien vor dem Hintergrund der Herausforderungen, Chancen und Risiken für die Lehre

Bibliografische Information der Deutschen Nationalbibliothek:

Die Deutsche Nationalbibliothek verzeichnet diese Publikation in der Deutschen Nationalbibliografie; detaillierte bibliografische Daten sind im Internet über http://dnb.d-nb.de abrufbar.

ISBN: 9783346231888
Dieses Buch ist auch als E-Book erhältlich.

© GRIN Publishing GmbH
Nymphenburger Straße 86
80636 München

Druck und Bindung: Books on Demand GmbH, Norderstedt Germany
Gedruckt auf säurefreiem Papier aus verantwortungsvollen Quellen

Das Buch bei GRIN: https://www.grin.com/document/911102

Universität Duisburg-Essen

Campus Duisburg

Fakultät für Betriebswirtschaftslehre

Bachelorarbeit

zur Erlangung des Grades eines

Bachelor of Science in Wirtschaftspädagogik

über das Thema

Digitalisierung der Lehre –

Die Implementierung personalisierten Lernens mit Hilfe digitaler Medien

vor dem Hintergrund der Herausforderungen, Chancen und Risiken für die Lehre

Inhaltsverzeichnis

Abkürzungsverzeichnis

Abs.	Absatz
App	Application
Aufl.	Auflage
Bitkom	Bundesverband Informationswirtschaft, Telekommunikation und neue Medien
bspw.	beispielsweise
bzw.	beziehungsweise
d. h.	das heißt
Dr.	Doktor
dt.	deutsch
engl.	englisch
et al.	et alii
e. V.	eingetragener Verein
f.	folgende
gem.	gemäß
Hrsg.	Herausgeber
ICILS	International Computer and Information Literacy Study
INSM	Initiative Neue Soziale Marktwirtschaft
JIM	Jugend, Information, (Multi-)Media
MMB	Michel Medienforschung und Beratung
Moodle	Modular Object-Oriented Dynamic Learning Environment
MSM	Mercator School of Management
n	Anzahl der Befragten
NRW	Nordrhein-Westfalen
OECD	Organisation für wirtschaftliche Zusammenarbeit und Entwicklung

o. S.	ohne Seitenangabe
PC	Personal Computer
Prof.	Professor
S.	Seite
SchulG	Schulgesetz
u. a.	unter anderen
URL	Uniform Resource Locator
USA	United States of America
VBE	Verband Bildung und Erziehung
vgl.	Vergleiche
z. B.	zum Beispiel

Abbildungsverzeichnis

Tabellenverzeichnis

1 Problemstellung

„Es ist normal, verschieden zu sein. Diese Einsicht setzt sich im deutschen Schulsystem allerdings nur zögerlich durch."[1] HILBERT MEYER nutzt diese Aussage von ECKERT, um die Bedeutung individueller[2] Förderung[3] von Schülern[4] im Unterricht als eins von zehn Merkmalen guten Unterrichts zu verdeutlichen.[5] Individuelles Fördern gelingt demnach durch innere Differenzierung[6], sowie durch individuelle Lernstandsanalysen und abgestimmte Förderpläne.[7]

Unterricht orientiert sich an Lehrplänen, die auf einen hypothetischen Durchschnittsschüler ausgerichtet sind. Lernaufgaben, Lerntempo und methodische Lernzugänge werden nicht individuell an die Lernenden angepasst, sondern sind auf den fiktiven Durchschnittsschüler ausgelegt. Dadurch kommt es zu einer Unterforderung der leistungsstarken und zu einer Überforderung der leistungsschwachen Schüler.[8] In der schulpädagogischen Praxis ist dieser Durchschnittsschüler jedoch eine Illusion, da jedes Individuum anders lernt.[9] Demzufolge sind einheitliche Lehrpläne und eine daraus resultierende „Einheitsbildung[10]" nicht die richtige Reaktion auf die Vielfalt der Lernenden, da der Lernweg jedes einzelnen Schülers individuell zu gestalten wäre, um das jeweilige Lernpotenzial bestmöglich auszuschöpfen.[11]

---

[1] Eckert (2017): 86.

[2] In der vorliegenden Arbeit werden die Begriffe „personalisiert" und „individuell" synonym verwendet.

[3] „Individuelle Förderung" bedeutet jeden Schüler durch geeignete Maßnahmen so zu unterstützen, dass er die Chance hat, sein motorisches, intellektuelles, emotionales und soziales Potenzial bestmöglich zu entwickeln. Vgl. Meyer (2017): 97.

[4] Mit „Schüler" ist in der gesamten vorliegenden Arbeit sowohl das männliche als auch das weibliche Geschlecht gemeint. Dies gilt gleichsam für alle geschlechtsspezifischen Nennungen.

[5] Vgl. Meyer (2017): 17 f. Zehn Merkmale guten Unterrichts: Klare Strukturierung des Unterrichts, Hoher Anteil echter Lernzeit, Lernförderliches Klima, Inhaltliche Klarheit, Sinnstiftendes Kommunizieren, Methodenvielfalt, Individuelles Fördern, Intelligentes Üben, Transparente Leistungserwartungen und Vorbereitete Umgebung.

[6] Im Rahmen „innerer Differenzierung" werden einzelne Schüler aus einer bestehenden Lerngruppe kleineren Gruppen zugeteilt, um ihnen individuelle Zugänge und Bearbeitungsmöglichkeiten zu eröffnen. Vgl. Trautmann/Wischer (2011): 78, Meyer (2017): 102 f.

[7] Vgl. Meyer (2017): 18.

[8] Vgl. Breidenstein/Rademacher (2016): 17.

[9] Vgl. Trautmann/Wischer (2011): 8, Dräger/Müller-Eiselt (2015): 36 f., Heinen/Kerres (2017): 96.

[10] Dräger/Müller-Eiselt (2015): 37, Heinen/Kerres (2017): 98.

[11] Vgl. Dräger/Müller-Eiselt (2015): 37, Rabenstein/Wischer (2016): 7.

Bisher gelingt es dem deutschen Bildungssystem nicht, den zunehmend heterogenen[12] Lernenden gleiche Bildungschancen[13] zu ermöglichen.[14] *Personalisiertes
Lernen*[15] mit Hilfe *digitaler Medien*[16] bietet die Chance, der Vielfalt der individuell
Lernenden gerecht zu werden, um jeden Schüler in seinen Stärken und Schwächen
optimal zu fördern. In der digitalen Bildung[17] wird das Potenzial gesehen, vielfältige aktuelle Herausforderungen (z. B. die Umsetzung der Inklusion[18] und Integration von Zuwanderern) zu bewältigen und dem Umgang mit einer wachsenden Heterogenität gerecht zu werden.[19] Aufgrund dieser Herausforderungen entwickeln
immer mehr Schulen Konzepte zur individuellen Förderung, wobei das Potenzial
und die Wirksamkeit digitaler Medien oftmals vernachlässigt werden.[20] Die Implementierung digitalen Lernens sei vielmehr eine zusätzliche Belastung als eine wir-
kungsvolle Möglichkeit zur individuellen Förderung.[21] In Zukunft wird die *Digitalisierung*[22], als eine gesellschaftliche Entwicklung, sowohl die heutige Gesellschaft
als auch das Lernen[23] verändern.[24]

---

[12] Der Begriff „heterogen" leitet sich aus dem griechischen Wort „heteros" im Sinne von „anders,
abweichend" und „genos", zu übersetzen mit „Geschlecht, Art, Gattung", ab. Im schulpädagogischen Diskurs wird „Heterogenität" oftmals zur Beschreibung von Verschiedenheit und Vielfalt vor allem bezüglich der Unterschiedlichkeit (z. B. aufgrund der Muttersprache, Geschlecht,
der Leistung, der sozialen Herkunft oder der jeweiligen Interessen) von Lernenden aufgegriffen.
Vgl. Tenorth/Tippelt (2007): 317, Sturm (2013): 14 f., Pilz (2018): 29. Die wachsende Heterogenität lässt sich anhand folgender Quellen belegen: Vgl. Trautmann/Wischer (2011): 32, Bundesministerium für Bildung und Forschung (2016a): 11, Kultusministerkonferenz (2016): 13,
Rudolph/Sparwald (2016): o. S., Pilz (2018): 30, Reusser/Pauli/Stebler (2018): 160.

[13] Unabhängig dessen sozialer Herkunft soll einem Individuum, eine seiner Begabung und Neigung
entsprechenden, (Schul-)Bildung ermöglicht werden. Vgl. Tenorth/Tippelt (2007): 98.

[14] Vgl. Trautmann/Wischer (2011): 7, Holmes et al. (2018): 4.

[15] Kursiv gedruckte Wörter im Fließtext stellen eine Hervorhebung bedeutsamer Begriffe im Hinblick auf die im Laufe der Arbeit zu analysierende Forschungsfrage dar. Des Weiteren wird der
Begriff des „personalisierten Lernens" in Kapitel 2 näher erläutert.

[16] Der Begriff „digitale Medien" wird in Kapitel 2 näher erläutert.

[17] Digitale Bildung beinhaltet sowohl die Vermittlung digitaler Kompetenz, d. h. der Fähigkeit zur
fachkundigen und verantwortungsvollen Nutzung digitaler Medien (digitale Bildung als Lehr-
und Lerninhalt) als auch das Lernen mit digitalen Medien (digitale Bildung als Instrument). Vgl.
Bundesministerium für Bildung und Forschung (2016a): 10, Initiative D21 e. V. (2016): 6.

[18] Inklusive Bildung hat das Ziel, dass Menschen mit Behinderungen und Menschen ohne Behinderungen gemeinsam leben und lernen. Vgl. Kultusministerkonferenz (2018): o. S.

[19] Vgl. Bundesministerium für Bildung und Forschung (2016a): 11, Schaumburg (2017): 21.

[20] Vgl. Rabenstein/Wischer (2016): 7.

[21] Vgl. Dräger/Müller-Eiselt (2015): 161.

[22] Der Begriff „Digitalisierung" wird in Kapitel 2 näher erläutert.

[23] Der Begriff „Lernen" bezieht sich auf alle individuellen, relativ dauerhaften bzw. langfristigen
Veränderungen des Verhaltens und Erlebens, die auf Erfahrung beruhen. Der Indikator für das
Lernen ist somit die Veränderung des Verhaltens. Vgl. Krapp (2007): 456, Kiesel/Koch (2012):
11, Brockhaus (2018).

[24] Vgl. Kober/Müller-Eiselt (2014): 6, Bundesministerium für Bildung und Forschung (2016a): 4,
Kultusministerkonferenz (2016): 51.

Nach KÖHLER ist Bildung[25] die wichtigste Voraussetzung für Chancengerechtigkeit und sozialen Aufstieg.[26] In Deutschland ist der Bildungserfolg[27] an die soziale Herkunft der Schüler gekoppelt.[28] Nicht jeder Schüler hat dieselben Zugangschancen zur Bildung; Kinder aus sozial schwachen Schichten sind oftmals benachteiligt.[29] Studien belegen, dass Kinder und Jugendliche mit Armutserfahrungen weniger Zugang zu Bildung haben und ein geringeres soziales Teilhabeverhalten aufweisen.[30] Eine soziale Teilhabe wirke sich positiv auf die Persönlichkeitsentwicklung sowie den damit verbundenen Bildungs- und Arbeitsmarkterfolg aus.[31] Auch in dieser Problematik wird in der *Digitalisierung der Lehre* das Potenzial gesehen, soziale Mobilität[32] zu fördern.[33] Bislang Benachteiligten können so neue Möglichkeiten im Hinblick auf *personalisiertes Lernen* und einen damit möglichen sozialen Aufstieg[34] geboten werden, um beispielsweise ein späteres Armutsrisiko zu mindern.[35]

Das Bundesministerium für Bildung und Forschung sieht die Aufgabe des deutschen Bildungssystems darin, das Potenzial der Digitalisierung für individuelle Förderung zu erkennen und zu nutzen.[36] Jedes Individuum in seiner Persönlichkeitsentwicklung optimal zu unterstützen und zu fördern ist eine der zentralen pädagogischen Aufgaben. Es geht hierbei neben der Vermittlung fachlicher Kompetenzen

---

[25] Nach dem Humboldtschen Bildungsideal ist Bildung mehr als die reine Aneignung von Wissen – vielmehr liegen *Individualität* und *Persönlichkeit* sowie die Entwicklung von Talenten im Fokus. Bildung ist also ein Prozess der Individualisierung, durch den der Mensch seine Persönlichkeit ausbilden kann. Vgl. Lahner (2011): 30-32.

[26] Vgl. Köhler (2008): 7.

[27] Als Indikatoren für „Bildungserfolg" können sowohl inhaltliche Kompetenzen (z. B. Lesen, Schreiben, Rechnen) als auch formale Bildungsabschlüsse betrachtet werden. Vgl. Diefenbach (2009): 437.

[28] Vgl. Dräger/Müller-Eiselt (2015): 28 f., Die Bundesregierung (2016), Holmes et al. (2018): 4.

[29] Vgl. Köhler (2008): 7.

[30] Vgl. Bundesministerium für Arbeit und Soziales (2013): 12, Autorengruppe Bildungsberichterstattung (2014): 6, Bundesministerium für Arbeit und Soziales (2017): XXI, Ministerium für Arbeit, Gesundheit und Soziales des Landes Nordrhein-Westfalen (2018): 17, Pilz (2018): 44.

[31] Vgl. Bundesministerium für Arbeit und Soziales (2013): 12.

[32] Wenn Kinder eine andere soziale Position als ihre Eltern erreichen wird von „sozialer Mobilität" gesprochen. Die soziale Mobilität zeigt an, wie gut es Kindern gelingt, aus einer für sie wenig vorteilhaften sozialen Lage in eine vorteilhaftere zu wechseln. Sie zeigt aber auch den umgekehrten Positionswechsel, also den sozialen Abstieg an. Soziale Mobilität wird statistisch gemessen, um den Grad der Offenheit oder Geschlossenheit und damit auch die Chancengleichheit einer Gesellschaft zu erfassen. Vgl. Bundesministerium für Arbeit und Soziales (2013): 17, Tschirner (2017): 7.

[33] Vgl. Dräger/Müller-Eiselt (2015): 29, Holmes et al. (2018): 4.

[34] „Sozialer Aufstieg" meint eine positive Änderung bezüglich des Berufs, der formalen Bildung oder auch der Lebensweise – auch im Vergleich zur Stellung der Eltern bzw. des sozialen Umfelds. Vgl. Tenorth/Tippelt (2007): 511.

[35] Vgl. Bundesministerium für Arbeit und Soziales (2013): 12, Dräger/Müller-Eiselt (2015): 29.

[36] Vgl. Bundesministerium für Bildung und Forschung (2016a): 5.

vor allem um die Ausprägung personaler und sozialer Kompetenzen, stets unter Berücksichtigung der individuellen Voraussetzungen der Schüler.[37] Falls Bildungseinrichten an einer „Einheitsbildung" festhalten und somit die wachsende Heterogenität in Klassenzimmern ignorieren, ergibt sich das Problem einer Vernachlässigung individueller Entwicklungsmöglichkeiten/-potenziale der Lernenden und der Einfluss der sozialen Herkunft auf die Bildungschancen nimmt weiter zu. Individuelle Fähigkeiten, Interessen, Kompetenzen und Talente bleiben unentdeckt und können somit nicht gefördert werden. Die Digitalisierung könnte diese Strukturen aufbrechen und bislang Benachteiligten neue Möglichkeiten in Bezug auf die Lehre und das Lernen ermöglichen.[38] Die Förderung der Digitalisierung ist ein Ziel des Bundesministeriums für Bildung und Forschung. Der DigitalPakt[39] zwischen Bund und Ländern sieht vor, Schulen flächendenkend im Digitalisierungsprozess zu unterstützen.[40] DRÄGER/MÜLLER-EISELT sind der Meinung, dass die Chancen dazu gut stehen würden. Denn jetzt treffe die Unausweichlichkeit der Digitalisierung auf die scheinbare Unveränderlichkeit der Bildung.[41]

Inwieweit die Digitalisierung mit Hilfe der Implementierung digitaler Medien personalisiertes Lernen fördern kann und welche Potenziale die Digitalisierung für das personalisierte Lernen bereithält, ist Hauptbestandteil der vorliegenden Arbeit. Ziel ist es, ein Tableau zu entwickeln, in dem die Herausforderungen, Chancen und Risiken der Digitalisierung für die Lehre gegenübergestellt werden, um den Mehrwert sowie die negativen Aspekte einer Implementierung digitaler Medien aufzuzeigen. Es wird somit der Forschungsfrage nachgegangen, wie digitale Medien vermehrt in deutschen Bildungseinrichtungen etabliert werden können und wie dadurch personalisiertes Lernen gefördert werden kann.

Das Thema „Digitalisierung der Lehre – Die Implementierung personalisierten Lernens mit Hilfe digitaler Medien vor dem Hintergrund der Herausforderungen, Chancen und Risiken für die Lehre" der vorliegenden Arbeit legitimiert sich durch

---

[37] Vgl. SchulG (2005): §2: Bildungs- und Erziehungsauftrag der Schule, Trautmann/Wischer (2011): 23, Rabenstein/Wischer (2016): 7.

[38] Vgl. Dräger/Müller-Eiselt (2015): 29.

[39] Ziel des DigitalPakt Schule von Bund und Länder ist es, die Schulen vermehrt mit digitaler Technik auszustatten. Aufgabe des Bundes ist es, bis September 2018 einen Textvorschlag für die Bund-Länder-Vereinbarung für den DigitalPakt vorzulegen. Vgl. Bundesministerium für Bildung und Forschung (2018a): o. S.

[40] Vgl. Bundesministerium für Bildung und Forschung (2016a): 6.

[41] Vgl. Dräger/Müller-Eiselt (2015): 29.

die aktuelle Relevanz in Politik, Bildung und Gesellschaft.[42] Digitale Medien sind fester Bestandteil im Alltag der Schüler und nehmen wachsenden Einfluss auf das Lehren und Lernen.[43] In Zeiten von Inklusion und Integration von Flüchtlingen bzw. Zuwanderern gewinnt personalisiertes Lernen, aufgrund der zunehmenden Heterogenität, aktuell an Bedeutung.

Die Vorgehensweise der vorliegenden Arbeit ist theoretisch-deskriptiv und analytisch-strukturierend. Um ein grundlegendes Verständnis für die Thematik zu schaffen, werden zunächst die theoretischen Grundlagen des Prozesses der *Digitalisierung*, der *digitalen Medien* und des *personalisierten Lernens* erläutert. Im Anschluss an die theoretischen Grundlagen wird die Ausstattung und Nutzung digitaler Medien in Bildungseinrichtungen dargestellt, um auf den Ist-Zustand aufmerksam zu machen. Anschließend erfolgt eine Betrachtung des Einflusses der digitalen Medien auf das personalisierte Lernen, um darauffolgend die Herausforderungen, Chancen und Risiken des personalisierten Lernens, deren Gegenüberstellung in einem Tableau mündet, kritisch herauszustellen. Eine Zusammenfassung wesentlicher Ergebnisse der Arbeit sowie der Potenziale und Grenzen des entwickelten Tableaus werden, gefolgt von einem Ausblick auf weitere Forschungsperspektiven, in einem abschließenden Fazit dargestellt.

---

[42] Siehe beispielsweise: Bundesministerium für Bildung und Forschung (2016a): Bildungsoffensive für die digitale Wissensgesellschaft. Strategie des Bundesministeriums für Bildung und Forschung, Kultusministerkonferenz (2016): Bildung in der digitalen Welt. Strategie der Kultusministerkonferenz.

[43] Vgl. Bundesministerium für Bildung und Forschung (2017): 6.

2 Theoretische Grundlagen

2.1 Digitalisierung

Der grundlegende Begriff der *Digitalisierung* ist die Übertragung analoger Informationen auf digitale Speichermedien, wodurch sie elektronisch verarbeitet werden können.[44] Des Weiteren wird die Digitalisierung als Veränderung der Gesellschaftsbereiche von Wirtschaft, Politik und Bildung verstanden, die durch die Implementierung digitaler Technologien hervorgerufen wird.[45] Mit dem Begriff der Digitalisierung wird vor allem das „papierlose Büro" in Verbindung gebracht – der Begriff der Digitalisierung ist jedoch weitaus vielschichtiger. Die Digitalisierung basiert vielmehr auf dem Einsatz und der Nutzung moderner Informations- und Kommunikationstechnologien. Die Informationstechnik beschränkt sich auf Verfahren zur Informations- und Datenverarbeitung, während die Kommunikationstechnik Hard- und Software umfasst, die zur Verbindung von Computern über Netzwerke und zur Datenübertragung genutzt werden.[46] Zudem stellt die Digitalisierung eine Form der (Teil-)Automatisierung dar, da bisher vom Menschen übernommene Aufgaben auf digitale Medien übertragen werden.[47] Durch das Sammeln, Sortieren und Verarbeiten von Daten unterschiedlicher Quellen entstehen Möglichkeiten zur Nutzung und Auswertung solcher Daten – auch im schulischen Kontext.[48]

Als Auslöser und Treiber der Digitalisierung können folgende Bereiche angesehen werden:

- das *Internet der Dinge*,
- *Cloud-Services*,
- *Soziale Medien*,
- sowie *Big Data* und *Data Analytics*.[49]

---

[44] Vgl. Deloitte (2013): 8, Mertens/Barbian/Baier (2017): 35, Ladel/Knopf/Weinberger (2018): VII.

[45] Vgl. Wanka (2016): 2, Ladel/Knopf/Weinberger (2018): VII, Ministerium für Wirtschaft, Innovation, Digitalisierung und Energie des Landes Nordrhein-Westfalen (2018).

[46] Vgl. Deloitte (2013): 8.

[47] Vgl. Hess (2016): o. S.

[48] Siehe Kapitel 3.2.2.

[49] Vgl. Châlons/Dufft (2016): 28 f., Teague (2016): 91 f., Urbach/Ahlemann (2016): 7, 18.

Das *Internet der Dinge* (engl.: Internet of Things) kann als einer der Treiber der Digitalisierung gesehen werden. Mit dem Begriff wird die Entwicklung beschrieben, dass neben den klassischen Computern und mobilen Endgeräten zunehmend auch Maschinen und Geräte (z. B. Waschmaschinen und Sportgeräte) mit dem Internet verbunden werden. Das Ziel ist es, die Informationslücke zwischen der realen und virtuellen Welt zu minimieren.[50] Durch das Internet der Dinge ergeben sich somit neue Möglichkeiten der Interaktion von Produkten und Sensoren.[51] Schulen können durch die digitale Vernetzung mehr Informationen über die Stärken, Schwächen und den aktuellen Leistungsstand der einzelnen Schüler erfahren.[52]

Einen weiteren Treiber der Digitalisierung bilden *Cloud-Services*. Innerhalb einer Cloud[53] stellen Kommunikationsservices beispielsweise Anwendungen in computerunterstützten Lehr-Lernumgebungen (z. B. Moodle) dar und können zur Förderung der Kommunikation innerhalb einer Gruppe genutzt werden.[54] Durch die Cloud-Services wird ein flexibler Zugriff (orts-, geräte- und zeitunabhängig) auf Anwendungen und Daten gewährleistet.[55] Eine Cloud kann individuell und bedarfsgerecht zur Verfügung gestellt bzw. angepasst werden.[56] Ein besonderes Augenmerk sollte hier auf die Einhaltung von Sicherheitskriterien im Hinblick auf den Umgang mit personenbezogenen Daten (Datenschutz) gelegt werden.[57]

Einen dritten Treiber der Digitalisierung stellen *soziale Medien* dar. Soziale Medien sind internetbasierte Softwaresysteme, die ihren Benutzern nicht nur eine Vernetzung untereinander ermöglichen, sondern auch zum sozialen Austausch anregen. Sie schaffen die Möglichkeit, multimediale Inhalte bereitzustellen oder auch gemeinsam zu erstellen.[58] Soziale Medien halten Möglichkeiten der Interaktion und

---

[50] Vgl. Petko (2014): 20, Urbach/Ahlemann (2016): 7.

[51] Vgl. Châlons/Dufft (2016): 29, Urbach/Ahlemann (2016): 7.

[52] Vgl. Gapski (2015): 12, Bundesministerium für Bildung und Forschung (2016b): 10, Kultusministerkonferenz (2016): 30 f.

[53] Auch als „Cloud Computing" bezeichnet. Speicherplatz, Rechenleistungen und Software-Anwendungen können bedarfsabhängig aus dem Internet bezogen werden und müssen nicht mehr auf dem eigenen Computer gespeichert werden. Daten, wie etwa Fotos und Textdokumente, können in der „Cloud" gespeichert und jederzeit abgerufen werden. Des Weiteren finden Programme (z. B. Textverarbeitung, Verwaltungssoftware oder Apps) direkte Anwendung in der Cloud. Vgl. Kroschwald (2016): 1.

[54] Vgl. Jansen/Bollen/Hoppe (2018): 111.

[55] Vgl. Châlons/Dufft (2016): 28, Jansen/Bollen/Hoppe (2018): 102.

[56] Vgl. Jansen/Bollen/Hoppe (2018): 102, Lins/Sunyaev (2018): 8.

[57] Vgl. Châlons/Dufft (2016): 32, Banse/Stephanow (2018): 1.

[58] Vgl. Bundesministerium für Bildung und Forschung (2016b): 29, Urbach/Ahlemann (2016): 4.

Kommunikation unter Lehrpersonen, Eltern und Schülern bereit und beschleunigen den Informationsfluss.[59]

Big Data und *Data Analytics* bilden den letzten Treiber der Digitalisierung. „Big Data bezeichnet ein Bündel neu entwickelter Methoden und Technologien, die die Erfassung, Speicherung und Analyse eines großen und beliebig erweiterbaren Volumens unterschiedlich strukturierter Daten ermöglicht."[60] Im Vordergrund stehen die Analyse sowie das Erlangen von Erkenntnissen und Zusammenhängen aus Datenbeständen.[61] Big Data weist, die in Abbildung 1 dargestellten, fünf charakteristische Merkmale auf, die als „Vs des Big Data" bezeichnet werden.[62] Der Begriff „Big Data" steht für schnell produzierte (velocity), riesige Datenmenge (volume) aus einer Vielzahl von Datenquellen (variety), die einen Mehrwert durch effektive Datennutzung schaffen (value). Veracity betont die Notwendigkeit sicherer und vertrauenswürdiger Quellen, aus der die Daten stammen.[63]

VOLUME	VELOCITY	VARIETY	VERACITY	VALUE
Sehr große Datenmengen	Schnell produzierte und analysierte Daten	Große Vielfalt an neuen Datenarten	Enge regulatorische Leitplanken für die Datennutzung	Mehrwert durch effektive Datennutzung

Abbildung 1: Charakteristische Merkmale von Big Data[64]

Durch *Data Analytics* werden die Daten aus verschiedenen Quellen zusammengeführt und analysiert. Ziel ist es, relevante Informationen und Wechselbeziehungen zu erkennen, um somit mögliche Zusammenhänge herzustellen sowie Schlussfolgerungen zu ziehen.[65] Im schulischen Kontext kann *Data Analytics* als *Learning Analytics* verstanden werden. Learning Analytics sind ein Werkzeug zur Analyse digitaler Daten über individuelle Lernaktivitäten, die durch Lern- oder Diagnosesoftware erfasst werden können. Die Analyse ermöglicht es, den Lernenden in

---

[59] Vgl. Châlons/Dufft (2016): 28, Kultusministerkonferenz (2016): 14, Ladel/Knopf/Weinberger (2018): VII f.

[60] Horvath (2013): 1.

[61] Vgl. Davenport (2014): 2, Gapski (2015): 10.

[62] Vgl. Fasel/Meier (2016): 5 f., KPMG (2016): 6.

[63] Vgl. Fasel/Meier (2016): 6.

[64] KPMG (2016): 6.

[65] Vgl. Teague (2016): 92.

Echtzeit Feedback und Unterstützung zukommen zu lassen. Lehrende haben zudem die Möglichkeit, einen Überblick über aktuelle Leistungsstände und Lernschwierigkeiten zu erlangen.[66]

2.2 Digitale Medien

Der Begriff *digitale Medien* setzt sich aus dem Wort „digital" und „Medium" zusammen. In seiner ursprünglichen Übersetzung aus dem Lateinischen bedeutet „Medium" soviel wie „Mitte" oder „Mittelpunkt". Medien dienen im schulischen Kontext, ähnlich ihrer ursprünglichen Bedeutung, als „Mittler" und sind ein Hilfsmittel beim Erkennen neuer Zusammenhänge sowie beim Systematisieren von neuen Erkenntnissen. Im Unterricht, zur Erreichung von Unterrichtszielen, unterstützen sie den Lehrenden beim Vermitteln neuer Sachverhalte und den Lernenden beim Verstehen komplexer Zusammenhänge.[67] Im Lehr- und Lernprozess übernehmen Medien verschiedene Funktionen und werden im Allgemeinen zur Informationsverbreitung, zur Organisation von Lehr- und Lernprozessen sowie zur Kommunikation genutzt.[68]

Digitale Medien ermöglichen das Speichern, Verarbeiten, Verbreiten und Ordnen von Informationen.[69] Mit ihrer Hilfe wird zum einen die Kommunikation zwischen Individuen ermöglicht bzw. erleichtert, zum anderen entstehen mit ihnen neue produktive Arbeitswerkzeuge, beispielsweise die gleichzeitige Bearbeitung eines gemeinsamen Dokumentes über das Internet.[70] In digitalen Medien wird großes Potenzial gesehen, neue Lehr- und Lernprozesse zu gestalten, gerade im Hinblick auf die individuelle Förderung von Schülern.[71] Die Anpassung an unterschiedliche Leistungsniveaus ermöglicht eine Bereitstellung von Lehrinhalten, die dem persönlichen Kenntnisstand der Schüler entspricht.[72] Digitale Medien können einen von Ort und Zeit unabhängigen Zugang zu Materialien bzw. Lehrinhalten ermöglichen

---

[66] Vgl. Bundesministerium für Bildung und Forschung (2016a): 10, Herzig (2017): 50, Jansen/Bollen/Hoppe (2018): 113.

[67] Vgl. Tenorth/Tippelt (2007): 494, Dohnicht (2014): 164, Schmidt-Thieme/Weigand (2015): 469, Meyer (2016): 148.

[68] Vgl. Tulodziecki/Herzig (2004): 11, Tenorth/Tippelt (2007): 494, Bundesministerium für Bildung und Forschung (2018b): o. S.

[69] Vgl. Petko (2014): 18, Hartmann/Hundertpfund (2015): 89.

[70] Vgl. Petko (2014): 20, Hartmann/Hundertpfund (2015): 89.

[71] Vgl. Kober/Müller-Eiselt (2014): 6, Bogedan (2016): 5, Kober/Zorn (2017): 8, Zylka/Schmidt/Helling (2017): 62, 65.

[72] Vgl. Zylka/Schmidt/Helling (2017): 62.

und bieten mehr Freiraum in der Gestaltung und Individualisierung von Lehr- und Lernprozessen. Sie erlauben eine flexible Anpassung der Inhalte an aktuelle Themen und Anforderungen.[73]

Unterrichtsmedien (z. B. Tafeln, Schreibwerkzeuge und Schulbücher) waren schon immer im schulischen Kontext verankert und werden vermehrt um digitale Medien erweitert, teilweise sogar ersetzt (bspw. werden Tafeln durch Smartboards ausgetauscht).[74] Als digitale Medien zählen neben den Präsentationsmedien, wie z. B. Beamer und Smartboard, auch Computerprogramme.[75] Nach TULODZIECKI/HERZIG sind im Kontext von Lehren und Lernen folgende Typen digitaler Medien bedeutsam:

- *Lehrprogramme* stellen dem Lernenden neue Inhalte eines bestimmten Themenbereiches zur Verfügung.

- *Übungsprogramme* dienen dem individuellen Üben und Festigen bereits im Unterricht erarbeiteter Lerninhalte.

- *Offene Lehrsysteme* beinhalten didaktisch[76] und hypermedial, d. h. multimedial und als vernetzte Inhaltsstruktur, aufbereitete Informationen zu einem bestimmten Themengebiet. Durch die unterschiedlichen Zugänge zu einem Thema können die Lernenden, je nach Vorkenntnissen und Lernstrategien, unterschiedliche Lernwege wählen.

- *Datenbestände* sind online zur Verfügung gestellte Informationssammlungen (z. B. Enzyklopädien). Die Datenbestände sind, im Vergleich zu den offenen Lehrsystemen, in der Regel nicht didaktisch aufbereitet. Sie können das problemorientierte[77], selbstständige Lernen unterstützen.

- *Lernspiele* beinhalten meist pädagogische Aufgabenstellungen, in denen Vorwissen und Lösungsstrategien angewendet werden sollen, um eine in der Regel problemorientierte Situation zu gestalten oder zu verbessern. Sie können motivierend für Lernende sein und dabei verschiedene Fähigkeiten und Fertigkeiten, wie Problemlösen, planvolles Handeln, logisches Denken,

---

[73] Vgl. Petko (2014): 18, Bundesministerium für Bildung und Forschung (2018b): o. S.

[74] Vgl. Kultusministerkonferenz (2016): 8, Meyer (2016): 148, Heinen/Kerres (2017): 120.

[75] Vgl. Schmidt-Thieme/Weigand (2015): 469.

[76] „Die „Didaktik" ist die Theorie und Praxis des Lernens und Lehrens. Die Didaktik kümmert sich um die Frage wer, was, von wem, wann, mit wem, wo, wie, womit und wozu lernen soll." Jank/Meyer (2014): 14, 16.

[77] Das „problemorientierte Lernen" basiert auf dem Gedanken, dass ein Problem lernmotivierend wirkt und so die Effektivität des Lehrens und Lernens gesteigert wird. Vgl. Tenorth/Tippelt (2007): 578.

visuelle Wahrnehmung, Reaktionsvermögen und Konzentration, unterstützen.

- *Werkzeuge*, sind themenunabhängige Programme, die die Erzeugung und Gestaltung sowie Bearbeitung von Texten, Bildern, Filmen oder Daten ermöglichen. Sie eignen sich für Lernprozesse, in denen das Recherchieren, das Systematisieren, das Bilden von Modellen und das Präsentieren sowie der Austausch von Informationen gefordert sind. Beispiele stellen Textverarbeitungs- und Tabellenkalkulationsprogramme, Suchmaschinen oder E-Mailprogramme dar.

- *Experimentier- und Simulationsumgebungen* bieten auf der Grundlage vorgegebener oder zu entwickelnder Modellvorstellungen die Möglichkeit, reale oder fiktive Prozesse zu simulieren. So kann z. B. der Umgang mit real vorhandenen, aber nicht verfügbaren Gegenständen, Materialien oder Situationen ermöglicht werden.

- Durch *Kommunikations- und Kooperationsumgebungen* werden Infrastrukturen für den Erfahrungs- und Meinungsaustausch sowie für die gemeinsame Erarbeitung von Produkten bereitgestellt. Verschiedene Arbeitsbereiche der Bildungsserver oder webbasierten Plattformen im Bereich des E-Learnings[78] können hier beispielsweise genannt werden.[79]

Diese Übersicht zeigt, welches Potenzial digitale Medien für den Einsatz im schulischen Alltag bereithalten.[80] Digitale Medien werden daher zunehmend in den Lehrplänen verankert und sind ein wachsender Bestandteil in der Lehreraus- und fortbildung.[81]

2.3 Personalisiertes Lernen

Der Grundgedanke, dass der Lernprozess individuell verläuft und sich das Lehren verbessern lässt, indem die Unterschiede berücksichtig werden, ist mindestens 2500 Jahre alt.[82]

---

[78] „E-Learning" bedeutet übersetzt „elektronisches Lernen" und bezeichnet den Einsatz von Kommunikations- und Informationstechnologien für zeit- und ortsunabhängige Lernzwecke. Es wird zwischen „Web Based Training" (online) und „Computer Based Training" (offline) unterschieden. Vgl. Tenorth/Tippelt (2007): 175.

[79] Vgl. Tulodziecki/Herzig (2004): 72-75, Breiter/Welling/Stolpmann (2010): 15 f.

[80] Vgl. Zylka/Schmidt/Helling (2017): 65.

[81] Kultusministerkonferenz (2016): 11-13.

[82] Vgl. Hasebrook/Brünken (2010): 23, Rabenstein/Wischer (2016): 6.

Bisher hat sich keine einheitliche Definition für den Begriff des „personalisierten Lernens" durchgesetzt.[83] Der Blick in die Literatur zeigt, dass die Bezeichnung „personalisiertes Lernen" mit Hilfe verschiedener Begriffe beschrieben wird: „adaptives Unterrichten[84]", „differenziertes[85]", „individualisiertes[86]", oder „kompetenzorientiertes[87]" Lernen werden synonym verwendet.[88]

Das Verständnis des personalisierten Lernens orientiert sich in dieser Arbeit an der Definition von RUDOLPH/SPARWALD: „Personalisiertes Lernen richtet sich grundlegend am jeweiligen Individuum und seinen persönlichen Bedürfnissen aus. Lernen muss dabei für den Einzelnen bedeutsam, an den eigenen Interessen ausgerichtet und im Idealfall selbstinitiiert sein. Die Geschwindigkeit, mit der das passiert, und die Lernzugänge sind dabei auf das Individuum abzustimmen."[89]

„Personalisiertes Lernen" verfolgt das Ziel, die Lernenden zum selbstständigen Denken, Lernen und Problemlösen zu befähigen, um ihnen eine mündige Teilnahme an der Gesellschaft zu ermöglichen. Ein Grund für eine Weiterentwicklung der schulischen Lehr- und Lernkultur ist die Notwendigkeit eines pädagogischen Umgangs mit der Heterogenität der Lernenden, welche die Forderung nach mehr Autonomie und Mitbestimmung in Bildungseinrichtungen beinhaltet.[90]

REUSSER/PAULI/STEBLER beschreiben personalisiertes Lernen in fünf Dimensionen:

- *Unterrichtsangebote an die personalen Bildungs- und Lernvoraussetzungen von Lernenden und Lerngruppen anpassen*: Lerninhalte werden an die Fähigkeiten der Lernenden angepasst, um diese, je nach Stärken und Schwächen des Einzelnen, individuell fördern zu können.

---

[83] Vgl. Holmes et al. (2018): 15, Reusser/Pauli/Stebler (2018): 161.

[84] „Adaptives Unterrichten" bezieht sich auf die Anpassung der Aufgabenschwierigkeit an das bisherige Leistungsvermögen der Lernenden. Vgl. Tenorth/Tippelt (2007): 3; Meyer (2017): 55.

[85] Bezogen auf die „innere Differenzierung". Im Rahmen „innerer Differenzierung" werden einzelne Schüler aus einer bestehenden Lerngruppe kleineren Gruppen zugeteilt, um ihnen individuelle Zugänge und Bearbeitungsmöglichkeiten zu eröffnen. Vgl. Trautmann/Wischer (2011): 78, Meyer (2017): 102 f.

[86] Beim „individualisierten Lernen" wird der Lernweg anhand der individuellen Fertigkeiten, Fähigkeiten und Interessen für den Lernenden mit Hilfe unterschiedlicher Methoden und Medien geplant, organisiert und strukturiert. Vgl. Tenorth/Tippelt (2007): 334.

[87] Das „kompetenzorientierte Unterrichten" beabsichtig die Herausbildung der individuellen Fähigkeiten und Fertigkeiten der Lernenden. Vgl. Tenorth/Tippelt (2007): 415.

[88] Vgl. Hertel/Fingerle/Rohlfs (2016): 64, Groff (2017): 3, Holmes et al. (2018): 15, Reusser/Pauli/Stebler (2018): 163.

[89] Rudolph/Sparwald (2016): o. S.

[90] Vgl. Reusser/Pauli/Stebler (2018): 163.

- *Personale und soziale Kompetenzen aufbauen; Schüler in ihrer Persönlichkeit ganzheitlich fördern*: um kritisches Denken anzuregen, fachliche und überfachliche Kompetenzen aufzubauen sowie Sozial- und Lernkompetenzen zu vermitteln.

- *Selbstgesteuertes Lernen auf eigenen Wegen ermöglichen*: Schaffung individueller Lernwege, durch Wahlmöglichkeiten hinsichtlich der Themen, Zeit und des Lernortes. Eigenständiges, als selbstwirksam erlebtes Lernen soll somit gefördert werden.

- *Als Lernende kompetenzorientiertes Lernen zur persönlichen Sache machen*: durch die Übernahme von (Mit-)Verantwortung im Lernprozess sollen die Lernenden zu mehr Leistungs- und Lernbereitschaft motiviert werden.

- *Als Lehrperson und als Lerngemeinschaft bildend und unterstützend wirken*: Aufgabe der Lehrperson ist es, die Lernenden zu begeistern, zu unterstützen und herauszufordern. Die Lernenden sollen die Erfahrung machen als Lerngruppe miteinander und voneinander zu lernen, um gemeinsam vorgegebene Ziele und Ergebnisse zu erreichen.[91]

Während die erste und letzte Dimension vor allem das klassisch-pädagogische Handeln der Lehrperson betreffen, haben die anderen Dimensionen das Ziel die Persönlichkeit der Lernenden zu stärken. Der Aufbau von Sozial- und Lernkompetenzen, eine Erweiterung der Autonomie- und Partizipationsspielräume bei der Nutzung und Gestaltung von Bildungsinhalten und Lernumgebungen sowie einer Förderung von Verantwortungsübernahme und Selbstverpflichtung im Lernprozess stehen im Vordergrund.[92]

Beim personalisierten Lernen ändert sich die Rolle des Lehrers vom Wissensvermittler zum Lernbegleiter. Unterrichtskonzepte wandeln sich von einem undemokratischen lehrergelenkten Frontalunterricht hin zu schülerzentrierten und individualisierten Lernangeboten.[93]

---

[91] Vgl. Reusser/Pauli/Stebler (2018): 165.
[92] Vgl. Reusser/Pauli/Stebler (2018): 165 f.
[93] Vgl. Dräger/Müller-Eiselt (2015): 163, Rudolph/Sparwald (2016): o. S., Ebel et al. (2017): 311, Holmes et al. (2018): 19.

3 Ausstattung und Nutzung digitaler Medien in Bildungseinrichtungen

In deutschen Bildungseinrichtungen gewinnen digitale Medien zunehmend an Bedeutung und halten ein großes Potenzial zur Gestaltung neuer Lehr- und Lernprozesse bereit.[94] Mit dem Blick auf die wachsende Vielfalt, die Umsetzung der Inklusion und der Integration von Zuwanderern stellt sich nun die Frage, ob und wie digitale Medien zur individuellen Förderung bzw. zum personalisierten Lernen beitragen können.[95]

Um den Einfluss digitaler Medien auf das personalisierte Lernen betrachten zu können, sollte zunächst ein Blick auf die Etablierung digitaler Medien geworfen werden: Studien der vergangenen Jahre haben gezeigt, dass digitale Medien, auch wenn sie zum Alltag der Schüler und Lehrpersonen gehören, an deutschen Schulen als Lehr- und Lernmittel nicht ausreichend vorhanden sind.[96]

Die Erhebung im Rahmen der „International Computer and Information Literacy Study[97]" (ICILS 2013) belegt, dass Deutschland sowohl bezüglich der Ausstattung wie auch der Nutzungshäufigkeit digitaler Medien im Unterricht hinter anderen Nationen wie Australien, Kanada, Dänemark, Norwegen oder den Niederlanden liegt.[98] Wie in Abbildung 2 aufgezeigt wird, berichtet die Studie ICILS 2013, dass sich in deutschen Schulen 11 Schüler einen Computer teilen.[99] In Norwegen, dem Vereinigten Königreich und Australien sind es vergleichsweise weniger als zwei Schüler, in den Niederlanden, Dänemark und der Schweiz zwischen vier und sieben Schüler.[100] In den OECD-Ländern[101] liegt der Durchschnitt bei fünf Schülern pro

---

[94] Vgl. Bogedan (2016): 5, Kober/Zorn (2017): 8, Schaumburg (2017): 20.

[95] Vgl. Kober/Zorn (2017): 8.

[96] Vgl. Bundesministerium für Bildung und Forschung (2016a): 12, Schaumburg (2017): 55, Holmes et al. (2018): 4.

[97] Die ICILS untersucht im internationalen Vergleich computer- und informationsbezogene Kompetenzen von Schülern in der achten Jahrgangsstufe und betrachtet unter welchen Rahmenbedingungen der Kompetenzerwerb stattfindet. In Deutschland haben 2.225 Schüler an der Studie teilgenommen. Vgl. Eickelmann/Gerick/Bos (2014): 9, 12.

[98] Vgl. Bos/Eickelmann/Gerick (2014): 137 f.

[99] Vgl. Eickelmann/Gerick/Bos (2014): 18.

[100] Vgl. OECD (2015): 677, Schaumburg (2017): 55.

[101] Zu den aktuell 36 Mitgliedsstaaten der OECD zählen Nord- und Südamerika sowie Europa und Asien. Die OECD verfolgt das Ziel, eine Politik zu fördern, die das Leben der Menschen weltweit in wirtschaftlicher und sozialer Hinsicht verbessert. In den Studien der OECD wird beispielsweise der Forschungsfrage nachgegangen, ob die Schulsysteme einzelner Länder Kinder mit dem Wissen ausstatten, das sie brauchen, um sich in modernen Gesellschaften behaupten zu können. Vgl. OECD (2018): o. S.

Computer.[102] Seit Mitte der 2000er Jahre stagniert die Ausstattungsdichte[103] in deutschen Schulen auf einem gleichbleibenden Niveau. Abbildung 2 zeigt ebenfalls die Entwicklung des Schüler-Computer-Verhältnisses[104] in Deutschland im Vergleich zu den USA und Dänemark zwischen 1995 und 2013. Auffällig ist, dass die USA bereits vor 20 Jahren eine bessere Computerausstattung erreicht hat, als es in deutschen Bildungseinrichtungen 2013 der Fall war.[105]

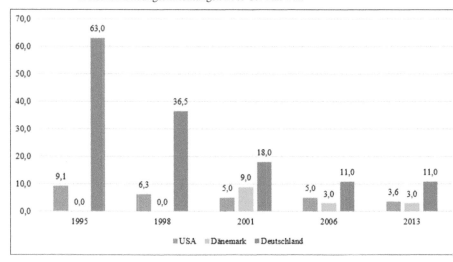

Abbildung 2: Entwicklung des Schüler-Computer-Verhältnisses[106]

Die in Abbildung 3 dargestellten Ergebnisse der Initiative D21 e. V.[107] belegen, im Rahmen einer Bestandsaufnahme der aktuellen Situation der schulischen Medienbildung in Deutschland, ebenfalls die unzureichende Ausstattung digitaler Medien an deutschen Schulen. Auf die Frage wie sie die technischen Voraussetzungen an ihrer Schule hinsichtlich der PC-Ausstattung und Internetnutzung einordnen, antworten nur 27 % der 501 befragten Lehrpersonen, dass die Ausstattung digitaler Medien an ihrer Schule als sehr gut bis gut anzusehen ist.

---

[102] Vgl. OECD (2015): 677.

[103] Meint das Schüler-Computer-Verhältnis.

[104] Ist ein Indikator für den Zugang von Schülern zu digitalen Medien. Vgl. OECD (2015): 677.

[105] Auch aktuelle Studien beziehen sich noch auf die Werte aus dem Jahr 2013. Vgl. Anger/Plünnecke/Schüler (2018): 103.

[106] Vgl. Schaumburg (2017): 55, Anger/Plünnecke/Schüler (2018): 103.

[107] Die Initiative D21 e. V. ist ein gemeinnütziges Netzwerk für die digitale Gesellschaft, bestehend aus Wirtschaft, Politik, Wissenschaft und Zivilgesellschaft, mit dem Ziel die digitale Spaltung der Gesellschaft zu verhindern. Vgl. Initiative D21 e. V. (2018): o. S.

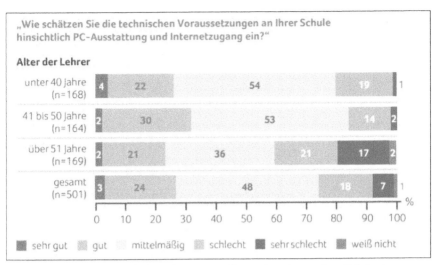

Abbildung 3: Anteile der Lehrpersonen, die angeben, dass an ihrer Schule eine ausreichende Ausstattung digitaler Medien vorhanden ist[108]

Neben der Ausstattung digitaler Medien in deutschen Schulen sollte auch ein Blick auf die in Abbildung 4 dargestellte Nutzung digitaler Medien im Unterricht geworfen werden. So belegt die JIM-Studie 2017[109], dass digitale Medien im Unterricht zwar genutzt werden, aber der traditionelle Unterricht oftmals dem Unterricht mit digitalen Medien vorgezogen wird.

Bei der Betrachtung, der in der Schule verwendeten digitalen Geräte, fällt auf, dass lediglich 21 % der befragten Schüler angegeben haben noch nie mit einem Computer im Unterricht gearbeitet zu haben. Bislang finden nur das Whiteboard (31 %) und der Computer (22 %) eine nennenswerte, regelmäßige Anwendung im Schulalltag (Nutzung täglich/mehrmals pro Woche). Fast jeder zweite Schüler (47 %) gibt an, dass er, wenn auch eher selten, schon einmal ein Smartphone im Unterricht benutzt hat. Laptops und Tablet-PCs kommen bisher kaum in deutschen Schulen zum Einsatz – 63 % (Laptops) bzw. 80 % (Tablet-PCs) der Befragten gaben an noch nie damit gearbeitet zu haben.[110]

---

[108] Wetterich/Burghart/Rave (2014): 26. Angaben in Prozent. Basis: Lehrer, n=501.

[109] Die JIM-Studie 2017 betrachtet das Medien- und Freizeitverhalten der Zwölf- bis 19-Jährigen in Deutschland. Im Rahmen der Studie wurden 1.200 Jugendliche telefonisch befragt. Vgl. Feierabend/Plankenhorn/Rathgeb (2017): 3.

[110] Vgl. Feierabend/Plankenhorn/Rathgeb (2017): 53.

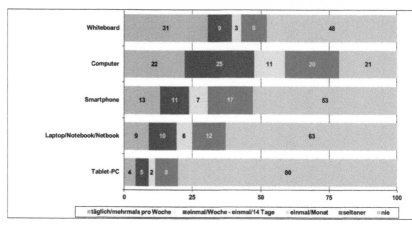

Abbildung 4: Nutzung digitaler Medien im Unterricht 2017[111]

Die gemeinsame Studie[112], deren Ergebnisse in Abbildung 5 dargestellt sind, von Bitkom[113], VBE[114] und LEARNTEC[115] erzielt ähnliche Ergebnisse wie die JIM-Studie 2017. So finden Beamer (81 %) und Computer (63 %) am häufigsten Anwendung im Unterricht. Auffällig ist hier, dass anders als in der JIM-Studie 2017, bereits 60 % der Befragten regelmäßig einen Laptop im Unterricht verwenden.

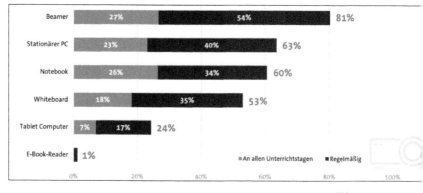

Abbildung 5: Nutzungshäufigkeit digitaler Medien im Unterricht[116]

---

[111] Feierabend/Plankenhorn/Rathgeb (2017): 54. Angaben in Prozent. Basis: Schüler, n=976.

[112] In der Studie wurden 502 Lehrer der Sekundarstufe I sowie 512 Schüler im Alter von vierzehn bis 19 Jahren befragt.

[113] Bitkom ist der Digitalverband Deutschlands und setzt sich insbesondere für eine innovative Wirtschaftspolitik, eine Modernisierung des Bildungssystems und eine zukunftsorientierte Netzpolitik ein. Vgl. Bitkom (2018): o. S.

[114] Ein Arbeitsbereich des Verbandes Bildung und Erziehung ist u. a. die Schul- und Bildungspolitik. Dieser beinhaltet beispielsweise folgende Positionen und Ziele: Bildungsgerechtigkeit ist Grundlage für Chancengerechtigkeit; Schule ist ein Ort der Demokratieerziehung; Vielfalt ist eine Chance und die Zukunft der Gesellschaft; Integration; Inklusion; Individuelle Förderung und Digitalisierung. Vgl. Verband Bildung und Erziehung (2018): o. S.

[115] LEARNTEC ist eine in Karlsruhe stattfindende Messe zum Thema „Digitale Bildung".

[116] Wirtz/Dietz/Beckmann (2016): 6. Angaben in Prozent. Basis: Lehrer, n=505.

Im Hinblick auf den Einfluss digitaler Medien auf personalisiertes Lernen ist es außerdem interessant zu wissen, wie viel Zeit die Schüler für die Schule zu Hause mit digitalen Medien verbringen. Abbildung 6 ist zu entnehmen, dass die Jugendlichen angaben, im Durchschnitt insgesamt 97 Minuten pro Tag mit Schulaufgaben zu verbringen, wobei die Angaben der Schüler unabhängig von der Schulart ist. Auffällig ist, dass Mädchen im Durchschnitt 115 Minuten täglich für die Schule aufwenden, während Jungen durchschnittlich 80 Minuten für ihre Schulaufgaben investieren. Außerdem sind in Abbildung 6 Unterschiede in Bezug auf das Alter zu erkennen: Je älter die Schüler sind, desto mehr Zeit verbringen sie mit ihren Schulaufgaben. Außerdem lässt sich im Hinblick auf die Nutzung digitaler Medien außerhalb der Schule erkennen, dass die Schüler insgesamt die Hälfte der Zeit (in Bezug auf die gesamte tägliche Lernzeit außerhalb der Schule) damit verbringen, einen Computer oder das Internet für ihre Schulaufgaben zu nutzen.[117]

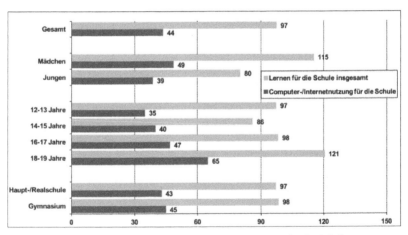

Abbildung 6: Lernen und Computer-/Internetnutzung zu Hause für die Schule 2017[118]

Die Studien zeigen, dass deutsche Bildungseinrichtungen im internationalen Vergleich nicht mithalten können. Des Weiteren fällt auf, dass sowohl die Medienausstattung als auch die Nutzung digitaler Medien im Unterricht nicht ausreichend sind. Um die Ausstattung mit digitalen Medien an den Schulen und die damit

---

[117] Vgl. Feierabend/Plankenhorn/Rathgeb (2017): 52.

[118] Feierabend/Plankenhorn/Rathgeb (2017): 52. Angaben in Minuten. Basis: Schüler, n=976.

verbundene Medienkompetenz[119] der Schüler zu verbessern, wollen Bund und Länder mit dem DigitalPakt die Erreichung der Umsetzung schriftlich festhalten.[120] Außerdem sollte auch der Einfluss digitaler Medien auf das personalisierte Lernen genauer betrachtet werden, um auf die Bedeutung der Etablierung aufmerksam zu machen.

---

[119] „Fähigkeit Medien und die durch Medien vermittelten Inhalte den eigenen Zielen und Bedürfnissen entsprechend effektiv nutzen zu können. Es lassen sich verschiedene Kompetenzen unterscheiden, die für die pädagogisch sinnvolle Rezeption, Perzeption und Nutzung von Medien notwendig sind. Darunter fallen grundlegende technische Kompetenz, soziale Kompetenz, Kompetenz zum persönlichen Wissensmanagement sowie Kritikfähigkeit. Medienkompetenz wird aufgrund der Informationsfülle und auch aufgrund von fehlerhaften und problematischen Informationen als notwendige Voraussetzung für einen mündigen Umgang mit Medien erachtet. Aus pädagogischer Sicht ist daher die Vermittlung von Medienkompetenz an Heranwachsende und Erwachsene ein zentrales Bildungsziel." Tenorth/Tippelt (2007): 500.

[120] Vgl. Bundesministerium für Bildung und Forschung (2018a): o. S.

4 Einfluss digitaler Medien auf personalisiertes Lernen

Personalisierung ist ein vielfältiger Begriff und lässt sich auf differenzierte Art und Weise betrachten und umsetzen.[121] Um aufzuzeigen wie die Implementierung digitaler Medien personalisiertes Lernen unterstützen kann und wie Lehrpersonen diese effektiv im Unterricht einsetzen können, formulierten HOLMES ET AL. sechs Dimensionen, die sich auf die Personalisierung des Lernens beziehen:

- *Das Lernziel* – warum soll etwas Bestimmtes gelernt werden?
- *Den Lernansatz* – wie soll etwas gelernt werden?
- *Die Lerninhalte* – was soll gelernt werden?
- *Die Lernpfade und das Lerntempo* – wann soll etwas gelernt werden?
- *Der Lernende oder die Lerngruppe* – wer soll etwas lernen?
- *Den Lernkontext* – wo soll etwas gelernt werden?[122]

Im Folgenden werden die Dimensionen ausführlicher beschrieben.

Personalisierung der Lernziele: Mit Hilfe digitaler Medien lässt sich die Lernumgebung soweit personalisieren, dass den Lernenden hinsichtlich ihrer eigenen Bedürfnisse selbstbestimmte Handlungsmöglichkeiten eröffnet werden. Ihnen soll die Entscheidung über ihre eigenen Lernziele übertragen werden. Digitale Medien sind zudem flexibel nutzbar, so dass den Schülern ein Lernen auch außerhalb des traditionellen Klassenzimmers ermöglicht wird. Außerdem können sie die Lernenden während des Lernprozesses dazu anregen ihren individuellen Lernfortschritt zu reflektieren, um gegebenenfalls ihren Lernweg neu auszurichten.[123]

Personalisierung des Lernansatzes: Personalisiertes Lernen mit digitalen Medien bietet den Schülern hinsichtlich der Lerninhalte bzw. Lernzugänge einen erweiterten Entscheidungsspielraum (z. B. schülergesteuertes projektorientiertes Lernen mit authentischen realen Lerninhalten oder auch lehrergesteuerte, strukturierte, praktische Übungen). Die Lernenden werden bei der eigenständigen Steuerung

---

[121] Vgl. Holmes et al. (2018): 35.
[122] Holmes et al. (2018): 16. Vgl. Groff (2017): 5.
[123] Vgl. Holmes et al. (2018): 35.

ihrer Lernprozesse unterstützt, wodurch die Entwicklung von Kompetenzen wie kritisches Denken und Zusammenarbeit gefördert wird.[124]

Personalisierung der Lerninhalte: Digitale Lernwerkzeuge ermöglichen es Lerninhalte individuell zu unterteilen, sodass diese (im Idealfall) problemlos geübt und bewertet werden können. Eingesetzte Programme, wie z. B. tutorielle Systeme, unterstützen die Schüler bei der Wahl ihres individuellen Lerntempos, erfassen ihren kontinuierlichen Lernverlauf und geben direkte Rückmeldung bezüglich ihres aktuellen Lernstandes. Durch die permanente Rückmeldung wird das Engagement der einzelnen Schüler gefördert und hilft ihnen, ihre persönlichen Ergebnisse zu verbessern.[125]

Personalisierung der Lernpfade und des Lerntempos: Die Personalisierung bezieht sich in dieser Dimension auf die Auswahlentscheidungen bezüglich des Lernpfades, Lerntempos und der Gruppenzusammensetzung. Anhand von Algorithmen[126] werden den Schülern persönliche Lernpfade vorgeschlagen bzw. vorgegeben, um stärker an ihre Bedürfnisse angepasste Stärken und Kompetenzen zu erwerben. Softwarelösungen, wie tutorielle Systeme, können mit Hilfe von Interaktionsdaten und dem Nutzungsverhalten des Schülers solche Lernpfade ermitteln. Das Lerntempo wird individuell an den einzelnen Schüler angepasst, um die Stärken und Schwächen des Individuums zu berücksichtigen und zu fördern.[127]

Personalisierung der Sozialform: Lernen kann gemeinsam im Klassenverband, in Kleingruppen oder individuell stattfinden. Die meisten Softwarelösungen zielen auf eine individuelle Unterstützung einzelner Schüler ab. Um soziale Kompetenzen, wie z. B. die Kommunikation, innerhalb einer Lerngruppe zu fördern, werden immer mehr Programme entwickelt, die das gemeinsame Lernen unterstützen.[128]

Personalisierung des Lernkontexts: Das Lernen kann innerhalb oder außerhalb des Klassenzimmers, klassenübergreifend oder auch außerhalb der Schule stattfinden. Digitale Medien ermöglichen den Schülern ein ortsunabhängiges Lernen – gerade

---

[124] Vgl. Holmes et al. (2018): 36.

[125] Vgl. Holmes et al. (2018): 36 f.

[126] Ein Algorithmus ist ein rechnerisches Verfahren, das den Lösungsweg einer bestimmten Aufgabe beschreibt. Vgl. Tenorth/Tippelt (2007): 13.

[127] Vgl. Holmes et al. (2018): 41 f.

[128] Vgl. Holmes et al. (2018): 42.

tutorielle Lernsoftwares bieten den Schülern die Möglichkeit, Lerninhalte zu Hause vertiefend zu üben oder zu wiederholen.[129]

4.1 Flipped Classroom-Ansatz

Eine Möglichkeit, digitale Medien für personalisiertes Lernen im Unterricht einzusetzen, ist der „Flipped Classroom-Ansatz" (dt.: umgekehrtes Klassenzimmer) als ein Bestandteil des „Blended Learnings[130]".[131]

Im Lehrkonzept des „Flipped Classroom" werden die Aktivitäten innerhalb und außerhalb des Unterrichts getauscht: Die Schüler bekommen die Aufgabe, sich die von der Lehrperson digital zur Verfügung gestellten Inhalte (z. B. in Form von Lernvideos oder Lernprogrammen) zu Hause eigenständig anzueignen.[132] Durch die Bereitstellung solcher Videos und Programme bekommen die Schüler die Möglichkeit, sich mit den Lehrinhalten selbstständig und in ihrem eigenen Tempo zu befassen.[133] Sofern ein Schüler Verständnisschwierigkeiten hat, bietet sich somit die Gelegenheit, sich das Video mehrmals anzuschauen oder dieses bei Bedarf zu stoppen.[134] Dadurch kann eine bessere Vorbereitung auf den Unterricht gewährleitstet werden.[135]

Der Unterricht kann zur gemeinsamen Vertiefung, Anwendung, Diskussion, sozialen Interaktion oder Reflexion des Gelernten genutzt werden. Mögliche Fragen, die während der Vorbereitung aufgekommen sind, können zu Beginn des Unterrichts im Klassenverband besprochen werden. Im Anschluss werden die zu Hause erarbeiteten Inhalte möglichst selbstständig geübt und angewendet.[136] Besonders in heterogenen Lerngruppen bietet diese Methode den Lehrpersonen mehr Möglichkeiten auf die individuellen Bedürfnisse einzelner Schüler einzugehen. Durch den hohen Grad an Selbstständigkeit übernehmen die Schüler mehr Verantwortung für ihren Lernprozess und jeder Einzelne wird stärker aktiviert. Sie rücken mit ihren individuellen Interessen, Fähigkeiten und Potenzialen in den Mittelpunkt des

---

[129] Vgl. Holmes et al. (2018): 43.

[130] „Blended Learning" steht für die Kombination aus dem Lernen mit digitalen Medien und dem herkömmlichen Präsenzlernen. Vgl. Holmes et al. (2018): 37, 85.

[131] Vgl. Holmes et al. (2018): 37.

[132] Vgl. Dräger/Müller-Eiselt (2015): 73, Ebel et al. (2017): 310, Spannagel (2017): 155.

[133] Vgl. Dräger/Müller-Eiselt (2015): 73, Spannagel (2017): 155, Lembke/Leipner (2018): 199.

[134] Vgl. Dräger/Müller-Eiselt (2015): 73, Spannagel (2017): 155.

[135] Vgl. Spannagel (2017): 156.

[136] Vgl. Ebel et al. (2017): 312.

Unterrichts.[137] Eine wichtige Voraussetzung für das Gelingen des Flipped Classroom-Ansatzes ist ein hoher Grad an Eigenverantwortung seitens der Schüler. Ohne die außerschulische, intensive Vorbereitung würden die Schüler den Anschluss im Unterricht verlieren. Daher sollte der Ansatz kleinschrittig eingeführt und reflektiert werden.[138]

Die folgende Tabelle fasst die grundlegenden Unterschiede einer traditionellen Lehrveranstaltung und des Flipped Classroom-Ansatzes zusammen:

Tabelle 1: *Gegenüberstellung der Konzepte traditionelle Lehrveranstaltung und Flipped Classroom*[139]

Traditionelle Lehrveranstaltung	Flipped Classroom
Vorbereitung von Lehrinhalten zur Präsentation im Unterricht	Vorbereitung von digitalen Lehrinhalten, die außerhalb des Unterrichts jederzeit abrufbar sind
Aneignung der Lehrinhalte im Unterricht	Aneignung der Lehrinhalte außerhalb des Unterrichts
Vertiefung der Lehrinhalte außerhalb des Unterrichts (Hausaufgaben) – ohne Unterstützung durch die Lehrperson	Vertiefung der Lehrinhalte während des Unterrichts – mit Unterstützung der Lehrperson

4.2 Adaptiver Unterricht mit digitalen Medien

Digitale Medien bieten im Hinblick auf die Adaptierbarkeit des Unterrichts vielfältige Möglichkeiten für einzelne Schüler individuell, aber auch in Gruppen, selbstgesteuert – ihren individuellen Lernvoraussetzungen und -interessen entsprechend – zu lernen.[140]

Im adaptiven Unterricht kann das Lernen mit digitalen Medien im Dialog mit dem System erfolgen. Das Lernsystem analysiert dabei das Lernverhalten und gibt eine direkte Rückmeldung zu den bearbeiteten Lernangeboten (Vgl. *Learning Analytics*[141]). Auf Grundlage des individuellen Leistungsstandes werden dem Schüler neue Lerninhalte angeboten. Durch diese Art von Übungen mit individuellen Rückmeldungen kann jeder einzelne Schüler im Rahmen seiner Möglichkeiten (Tempo,

---

[137] Vgl. Dräger/Müller-Eiselt (2015): 73, Ebel et al. (2017): 311, Spannagel (2017): 155.

[138] Vgl. Lembke/Leipner (2018): 199 f.

[139] Die Tabelle wurde anhand der in diesem Kapitel verwendeten Literatur erstellt.

[140] Vgl. Hertel/Fingerle/Rohlfs (2016): 65 f., Schaumburg (2017): 65.

[141] Siehe Kapitel 2.1.

Lernstil und Fähigkeiten) gefördert werden. Interaktive Übungsblätter und Trainingseinheiten zum Selbstlernen lassen sich in individuelle Fördermaßnahmen einbinden. Anders als mit analogen Medien, ist das Lernen mit digitalen Medien damit als eine interaktive Fördermaßnahme gestaltbar, bei der adaptive Lernsoftware den Lernenden einen individuellen, auf ihn zugeschnittenen Lernweg empfiehlt.[142]

Abbildung 7 zeigt den beschriebenen Dialog zwischen dem Lernenden und dem Lernsystem (Lernsoftware):

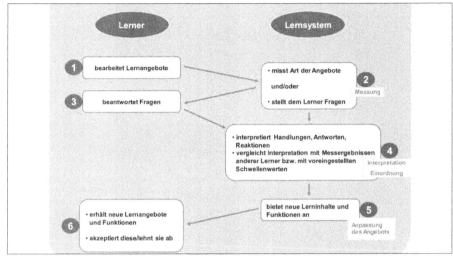

Abbildung 7: Dialog zwischen dem Lerner und dem Lernsystem[143]

Mit Hilfe adaptiver Lernsoftware wird das Lernen des Einzelnen „sichtbar". Die Lehrperson kann die Lernsoftware zusätzlich als Diagnoseinstrument nutzen. Die personalisierten Schülerdaten geben Auskunft über aktuelle Stärken und Schwächen des jeweiligen Schülers und ermöglichen der Lehrperson individuelle Rückmeldungen zu geben und bei Bedarf weitere Fördermaßnahmen einzuleiten.[144]

Ein Beispiel für ein adaptives Lernprogramm ist z. B. *bettermarks* – eine adaptive Lernsoftware für den Mathematikunterricht. Einstiegs- und Abschlusstests ermitteln den weiteren Übungsbedarf für einen jeweiligen Lernstoff. Die bereitgestellten Übungsangebote enthalten adaptive Lernhilfen, Lösungsbeispiele mit Erklärungen, verschiedene Eingabe- und Visualisierungswerkzeuge sowie eine intelligente Fehlerdiagnose, die auf die jeweiligen Lösungsfehler zugeschnittene

---

[142] Vgl. Tulodziecki/Herzig (2004): 37, Dräger/Müller-Eiselt (2015): 71, 93, Heinen/Kerres (2017): 100, Herzig (2017): 34.

[143] MMB-Institut für Medien- und Kompetenzforschung (2014): 4.

[144] Vgl. Heinen/Kerres (2017): 102.

Rückmeldungen gibt. Das System verfügt über einen hohen Freiheitsgrad in der Bearbeitung der Übung, da es äquivalente Lösungen erkennt und alternative Lösungswege akzeptiert. Das Programm ist außerdem in der Lage, anhand der Eingaben der Schüler potenzielle Wissenslücken zu ermitteln und daraufhin individuell angepasste Übungen anzubieten. Für Lehrpersonen bietet *bettermarks* Übersichten über den aktuellen Bearbeitungs- und Leistungsstand der einzelnen Schüler.[145] Im Jahr 2014 haben Wissenschaftler für Neurowissenschaften und Lernen unter der Leitung von Prof. Dr. Manfred Spitzer eine Wirksamkeits- und Akzeptanzstudie durchgeführt. Die Ergebnisse zeigen, dass die Schüler vom Einsatz des *bettermarks*-Systems profitiert haben. Für alle Schulen zusammen zeigt sich ein signifikant positiver Effekt. Schüler, die mit *bettermarks* gelernt haben, schnitten beim abschließenden Leistungstest signifikant besser ab als die Mitglieder der Kontrollgruppe.[146]

4.3 Herausforderungen, Chancen und Risiken

Die Digitalisierung der Lehre wird zunehmend als ein Prozess verstanden, in dem digitale Medien und digitale Werkzeuge an die Stelle analoger Verfahren treten.[147] In der Digitalisierung der Lehre wird das Potenzial gesehen, personalisiertes Lernen mit Hilfe digitaler Medien zu ermöglichen und zu fördern.[148] Die Umstrukturierung der Lehr- und Lernprozesse, die durch die Implementierung digitaler Medien hervorgerufen werden, bringen nicht nur Chancen und Potenzial mit sich, sondern stellen die Bildungseinrichtungen und die Politik vor Herausforderungen und können mit Risiken für die Lernenden verbunden sein.

Bevor personalisiertes Lernen in Bildungseinrichtungen umgesetzt werden kann, gilt es einige Herausforderungen zu bewältigen. Auf der einen Seite müssen infrastrukturelle, rechtliche und personelle Rahmenbedingungen geschaffen werden, auf der anderen Seite müssen sowohl die bisher praktizierten Lehr- und Lernformen überdacht und neugestaltet als auch die Bildungsziele kritisch überprüft und erweitert werden.[149] Im Hinblick auf die Infrastruktur müssen die Schulen mit digitalen

---

[145] Vgl. Dräger/Müller-Eiselt (2015): 20 f., Holmes et al. (2018): 68.

[146] Vgl. Scharnagl et al. (2014): 7. Basis: Schüler, n=864.

[147] Vgl. Kultusministerkonferenz (2016): 8.

[148] Vgl. Bundesministerium für Bildung und Forschung (2016a): 11.

[149] Vgl. Bundesministerium für Bildung und Forschung (2016a): 10, 13, Kultusministerkonferenz (2016): 8, Holmes et al. (2018): 11.

Medien ausgestattet werden und an einer leistungsfähigen, stabilen bzw. verlässlichen, lernförderlichen[150] und sicheren Netzwerkinfrastruktur angeschlossen werden, denn eine technische Grundausstattung ist Ausgangspunkt und Voraussetzung für das Lehren und Lernen mit digitalen Medien.[151] Des Weiteren müssen Richtlinien, insbesondere in Bezug auf den Datenschutz und die Datensicherheit, erstellt werden.[152] Diese betreffen hauptsächlich Programme, die personenbezogene Daten wie beispielsweise individuelle Nutzerbewegungen und Eingaben speichern, um daraus individuelle Lernwege, Diagnosen und Rückmeldungen zu erzeugen.[153] Fragen, die das Thema des Urheberrechts beantworten, müssen geklärt werden, um die Schüler zum einen im Hinblick auf einen sicheren Umgang mit Medien zu sensibilisieren und ihnen die Folgen des eigenen Handelns bewusst zu machen und zum anderen soll somit eine rechtssichere, erlaubnisfreie Nutzung digitaler Inhalte ermöglicht werden.[154] In der Lehreraus- und fortbildung müssen methodisch-didaktische Kompetenzen und fachlich-inhaltliches Wissen sowie technische Fähigkeiten vermittelt bzw. erweitert werden, damit die Schüler von dem Einsatz digitaler Medien profitieren können.[155] Zudem müssen Lehrpersonen davon überzeugt sein, dass der Einsatz digitaler Medien im Unterricht als sinnvoll anzusehen ist.[156] In der Strategie der Kultusministerkonferenz wurde 2016 ein Kompetenzrahmen[157] geschaffen, der als Grundlage für die Überarbeitung von Bildungs-, Lehr- und Rahmenplänen der Unterrichtsfächer durch die Länder dienen soll.[158] Ziel der „Bildung in der digitalen Welt" ist es, individuelles und selbstgesteuertes Lernen zu fördern,

---

[150] Eine lernförderliche Netzwerkinfrastruktur orientiert sich an den pädagogischen Bedürfnissen der Bildungseinrichtungen und lässt sich technisch reibungslos und flexibel im Unterricht sowie außerhalb der Schule einsetzen. Vgl. Ebel (2017): 14.

[151] Vgl. Bundesministerium für Bildung und Forschung (2016a): 22 f., Kultusministerkonferenz (2016): 11, 34, Ebel (2017): 14, Bundesministerium für Bildung und Forschung (2018a): o. S., Holmes et al. (2018): 89.

[152] Vgl. Dräger/Müller-Eiselt (2015): 152 f., Bundesministerium für Bildung und Forschung (2016a): 10, Kultusministerkonferenz (2016): 11, 21, Holmes et al. (2018): 11.

[153] Vgl. Bundesministerium für Bildung und Forschung (2016a): 10, Kultusministerkonferenz (2016): 14, Holmes et al. (2018): 11.

[154] Vgl. Bundesministerium für Bildung und Forschung (2016a): 10, Kultusministerkonferenz (2016): 11, 26.

[155] Vgl. Bundesministerium für Bildung und Forschung (2016a): 16, 20, Kultusministerkonferenz (2016): 28 f., Ebel (2017): 13, Bundesministerium für Bildung und Forschung (2018a): o. S.

[156] Vgl. Schaumburg (2017): 77, Holmes et al. (2018): 12.

[157] Die „Kompetenzen in der digitalen Welt" umfassen sechs Kompetenzbereiche: Suchen, Verarbeiten und Aufbewahren; Kommunizieren und Kooperieren; Produzieren und Präsentieren; Schützen und sicher Agieren; Problemlösen und Handeln; Analysieren und Reflektieren. Vgl. Kultusministerkonferenz (2016): 15-18.

[158] Vgl. Kultusministerkonferenz (2016): 14.

Mündigkeit, Identitätsbildung und das Selbstbewusstsein zu stärken sowie die selbstbestimmte Teilhabe an der digitalen Gesellschaft zu ermöglichen.[159]

Im Hinblick auf die Implementierung digitaler Medien in Bildungseinrichtungen, versprechen diese das Potenzial die individuelle Förderung der Lernenden zu unterstützen, um somit der wachsenden Vielfalt der individuell Lernenden gerecht zu werden.[160] Durch die Bereitstellung digitaler Lehrinhalte auf Lernplattformen im Internet, wird den Lehrenden die Möglichkeit geboten, unterschiedliches und differenziertes Material im Unterricht einzusetzen. Die Lernenden können dann aus diesen Lehrinhalten, gemäß ihren Kenntnissen, Fähigkeiten und Interessen, Materialien auswählen.[161] Eine solche Auswahlmöglichkeit bzw. ein solcher Freiraum führt zu mehr Partizipation und Verantwortung der Lernenden bei Entscheidungen in ihrem individuellen Lernprozess. Dieses fördert die Entwicklung und Identitätsbildung sowie die demokratische und gesellschaftliche Teilhabe.[162] Multimediale Materialien bieten auf der Grundlage vorgegebener oder zu entwickelnder Modellvorstellungen die Möglichkeit, reale oder fiktive Prozesse zu simulieren, um somit komplexe Sachverhalte im Unterricht veranschaulichen zu können.[163] Um jeden Schüler in seinen Möglichkeiten (Tempo, Lernstil und Fähigkeiten) zu fördern, bieten adaptive Lernsoftwares eine interaktive Fördermaßnahme, die jedem Lernenden einen individuellen, auf ihn zugeschnittenen Lernweg empfehlen sowie das Lernverhalten analysieren, um individuelle Rückmeldung geben zu können.[164] Des Weiteren erlauben digital gestützte Bildungsangebote ein zeit- und ortsunabhängiges Lernen.[165] So können die Lernenden beispielsweise ihre Lernzeit außerhalb der Schule intensiver für die Aneignung und Auseinandersetzung mit Lerninhalten nutzen.[166] Für Schüler, die krankheitsbedingt zeitweise nicht am Unterricht teilnehmen können, bietet der Einsatz digitaler Medien die Chance, in weitreichender Weise an den Lernprozessen der Lerngruppe teilhaben zu können.[167] Auf verschiedenen

---

[159] Vgl. Kultusministerkonferenz (2016): 14 f.

[160] Vgl. Bundesministerium für Bildung und Forschung (2016a): 11, Schaumburg (2017): 21.

[161] Vgl. Ebel (2017): 13, Heinen/Kerres (2017): 99 f.

[162] Vgl. Bundesministerium für Bildung und Forschung (2016a): 4, Schaumburg (2017): 50.

[163] Vgl. Tulodziecki/Herzig (2004): 73 f., Heinen/Kerres (2017): 100.

[164] Vgl. Herzig (2017): 34, Schaumburg (2017): 50, 65.

[165] Vgl. Hartmann/Hundertpfund (2015): 140, Kultusministerkonferenz (2016): 8, Heinen/Kerres (2017): 102, Herzig (2017): 34, Bundesministerium für Bildung und Forschung (2018b): o. S.

[166] Vgl. Flipped Classroom-Ansatz Kapitel 3.2.1.

[167] Vgl. Kultusministerkonferenz (2016): 13.

Plattformen (z. B. LOGINEO NRW[168]) können sich die Lernenden austauschen und zusammen an Dokumenten arbeiten.[169] Die Zusammenarbeit zwischen den Lernenden und weitere soziale Kompetenzen werden im Unterricht gefordert und können somit mit Hilfe digitaler Medien unterstützt und intensiviert werden.[170] Des Weiteren erhöht der Einsatz digitaler Medien die Möglichkeit, mehr Menschen an Bildung teilhaben zu lassen, da digitale Lehrinhalte weltweit verfügbar sind.[171] Dies könnte einen Beitrag zu einem leistungsfähigeren und chancengerechten Bildungssystem leisten.[172]

Auf der anderen Seite könnte der zunehmende Einfluss digitaler Medien auf das Lernen und Lehren zu einer sozialen Benachteiligung führen, indem der Zugang und die Nutzung digitaler Medien gesellschaftlich ungleich verteilt sind (Digitale Ungleichheit).[173] Es wird befürchtet, dass wirtschaftlich besser gestellte Gruppen breiter ausgestattet sind und digitale Medien intensiver nutzen als wirtschaftlich schwächere Bevölkerungsteile und Personen mit einem niedrigen Bildungsniveau.[174] Der Zugang zu gesellschaftlicher Partizipation würde somit erschwert werden.[175] Neurobiologen warnen außerdem davor, dass durch die Nutzung digitaler Medien die Leistungsfähigkeit und die Entwicklung des Gehirns abnimmt bzw. geschädigt wird.[176] Digitale Medien würden den Lernenden selbstständiges Denken abnehmen und zu einem Auslagern geistiger Arbeit auf digitale Datenträger führen. Dies würde die Motivation zum Erlernen neuer Sachverhalte negativ beeinflussen.[177] Schüler werden durch den Einsatz digitaler Medien dazu verleitet, Inhalte zu kopieren und somit Informationen nicht zu hinterfragen und sich nur oberflächlich mit diesen auseinanderzusetzen.[178] SPITZER betont jedoch, dass eine intensive Auseinandersetzung mit Lerninhalten und selbstständiges Denken und Lernen zu

---

[168] LOGINEO NRW ist eine digitale Arbeits- und Kommunikationsplattform, die ab Herbst 2018 schrittweise an allen Schulen in NRW eingeführt werden soll. Vgl. Richter (2018): 1.

[169] Vgl. Tulodziecki/Herzig (2004): 74, Heinen/Kerres (2017): 101.

[170] Vgl. Heinen/Kerres (2017): 101.

[171] Vgl. Heinen/Kerres (2017): 101, Dräger/Müller-Eiselt (2015): 1, Lembke/Leipner (2015): 191, 202.

[172] Vgl. Dräger/Müller-Eiselt (2015): 173, Rabenstein/Wischer (2016): 47, Kober/Zorn (2017): 8 f.

[173] Vgl. Groebel/Gehrke (2003): 39, Zillien (2009): 4, Schaumburg (2017): 38 f.

[174] Vgl. Groebel/Gehrke (2003): 38, 40, Zillien (2009): 4, 243.

[175] Vgl. Zillien (2009): 122 f.

[176] Vgl. Spitzer (2012): 322, Teuchert-Noodt (2015): 217, 221.

[177] Vgl. Spitzer (2012): 94 f., 107 f.

[178] Vgl. Schaumburg (2017): 72.

besseren, nachhaltigeren Lernergebnissen führen.[179] Außerdem bergen gewalthaltige Inhalte, Internet- und Computerspielsucht sowie Cybermobbing ein nicht zu vernachlässigendes Gefahrenpotenzial, denn der Konsum digitaler Mediengewalt kann emotionale Reaktionen hervorrufen, aggressive und antisoziale Gefühle, Gedanken und Verhaltensweisen fördern und im Fall von Cybermobbing schwerwiegende Schädigungen bei Betroffenen zur Folge haben.[180] In der JIM-Studie 2017 wird berichtet, dass jeder fünfte Jugendliche bestätigt, bereits beleidigende Inhalte über seine Person im Internet gelesen zu haben.[181] Des Weiteren besteht durch die Speicherung personenbezogener Daten das Risiko des Datenmissbrauchs.[182] Vor der Einführung einer Software oder Lernplattform, mit der personalisiertes Lernen unterstützt werden soll, muss genau geprüft werden, welche Daten gespeichert werden und wie die Datensicherheit für die Nutzung gewährleistet wird.[183] Im Unterricht kann der Einsatz digitaler Medien dazu führen, dass die Schüler durch unterrichtsferne Tätigkeiten, wie z. B. der Kommunikation über soziale Netzwerke, Spielen und private Webrecherchen, vom Unterricht abgelenkt sind und sich somit nicht mehr auf das Unterrichtsgeschehen konzentrieren können.[184]

Im Folgenden werden die Herausforderungen, Chancen und Risiken der Digitalisierung für die Lehre gegenübergestellt:

Tabelle 2:   Tableau der Herausforderungen, Chancen und Risiken[185]

Herausforderungen	Chancen	Risiken
• Schulen ausreichend mit digitalen Medien ausstatten • Leistungsfähige, stabile, lernförderliche und sichere Netzwerkinfrastruktur schaffen • Datenschutz • Datensicherheit • Urheberrecht • Lehreraus- und fortbildung erweitern	• Personalisiertes Lernen • Schnellere Verfügbarkeit unterschiedlicher und differenzierter Materialien • Simulation realer oder fiktiver Prozesse im Unterricht • Adaptive Lernsoftware fördert Schüler in ihren Möglichkeiten	• Digitale Ungleichheit • Leistungsfähigkeit des Gehirns kann abnehmen • Entwicklung des Gehirns kann geschädigt werden • Gewalthaltige Inhalte • Cybermobbing • Internet- und Computerspielsucht

---

[179] Vgl. Spitzer (2012): 83.
[180] Vgl. Spitzer (2014): 82, Schaumburg (2017): 41 f., 45 f.
[181] Vgl. Feierabend/Plankenhorn/Rathgeb (2017): 59. Basis: Schüler, n=976.
[182] Vgl. Kultusministerkonferenz (2016): 17.
[183] Vgl. Holmes et al. (2018): 53.
[184] Vgl. Spitzer (2014): 84, Schaumburg (2017): 71.
[185] Eigene Darstellung. Eine übersichtlichere Kopie im Querformat befindet sich im Anhang, S. 33.

Herausforderungen	Chancen	Risiken
• Bildungs-, Lehr- und Rahmenpläne müssen überarbeitet werden	• Zeit- und ortsunabhängiges Lernen • Förderung der Entwicklung und Identitätsbildung der Lernenden sowie der demokratischen und gesellschaftlichen Teilhabe durch mehr Freiheit und eigene Entscheidungen im Lernprozess des jeweiligen Schülers • Direkte individuelle Rückmeldung zum Leistungsstand • Intensivere Aneignung und Auseinandersetzung mit Lehrinhalten durch ständige Verfügbarkeit • Die digitale Zusammenarbeit auf Lernplattformen unterstützt die Entwicklung sozialer Kompetenzen • Erweitert die Teilhabe an Bildung • Leistungsfähigeres und chancengerechtes Bildungssystem	• Datenmissbrauch • Kopieren von Inhalten und somit oberflächliche Auseinandersetzung • Ablenkung vom Unterricht

5   Fazit

Im Rahmen der vorliegenden Arbeit wurde analysiert, inwieweit die Digitalisierung mit Hilfe der Implementierung digitaler Medien personalisiertes Lernen fördern kann und welche Potenziale die Digitalisierung für das personalisierte Lernen bereithält. Ziel war es, ein Tableau zu entwickeln, in dem die Herausforderungen, Chancen und Risiken der Digitalisierung der Lehre gegenübergestellt werden, um den Mehrwert sowie die negativen Aspekte einer Implementierung digitaler Medien aufzuzeigen. Es wurde der Forschungsfrage nachgegangen, wie digitale Medien vermehrt in Bildungseinrichtungen etabliert werden können und wie dadurch personalisiertes Lernen gefördert werden kann.

Die Ergebnisse zeigen, dass digitale Medien bereits in Bildungseinrichtungen Anwendung finden, aber das Potenzial längst nicht ausgeschöpft ist. Zum einen fehlt die ausreichende Ausstattung digitaler Medien in den Schulen und zum anderen fehlt es an einer leistungsfähigen sowie sicheren Netzwerkinfrastruktur. Fragen, die das Thema Datenschutz, Datensicherheit und Urheberrecht betreffen, müssen geklärt werden, um den Lehrenden und Lernenden eine rechtssichere Nutzung mit digitalen Medien zu ermöglichen.[186]

Digitale Medien sind nicht per se lernwirksamer als traditionelle Medien und besitzen nicht automatisch das Potenzial den Unterricht im Hinblick auf die individuelle Förderung zu verbessern. Zunächst müssen die Lehrpersonen über einen kompetenten Umgang mit digitalen Medien verfügen und die Bereitschaft zum Ausdruck bringen, diese in ihrem Unterricht einsetzen zu wollen, denn nur so können die Schüler vom Einsatz digitaler Medien profitieren. Bezogen auf die Bereitstellung digitaler Lehrinhalte auf Lernplattformen im Internet, werden vielfältige Möglichkeiten geboten, das Lernen zu personalisieren. Durch direkte Rückmeldung und Anpassung der Schwierigkeitsgrade der Lehrinhalte erhält jeder Schüler einen auf ihn zugeschnittenen Lernpfad. Die Vielfältigkeit der Lernenden findet hier Berücksichtigung und jeder Schüler erhält die Möglichkeit, seinem Leistungsstand entsprechend, erfolgreich zu lernen. Individuelle Erfolgserlebnisse während des Lernprozesses steigern zum einen die Motivation zum Erlernen neuer Sachverhalte und zum anderen das Selbstwertgefühl des jeweiligen Schülers. Außerdem übernehmen die Schüler durch mehr Entscheidungsfreiheit bei der Bearbeitung digital

---

[186] Vgl. Kapitel 3 sowie Kapitel 4.3.

verfügbarer Lehrinhalte eine größere Verantwortung für ihr eigenes Lernen. Ein wachsendes Selbstwertgefühl und stärkere Partizipation bei Entscheidungen im Lernprozess wirken sich positiv auf die Persönlichkeitsentwicklung aus.[187]

Das Lehren und Lernen mit digitalen Medien soll traditionelle Unterrichtsformen nicht verdrängen, sondern sie um neue Aspekte und Möglichkeiten erweitern. Digitale Medien müssen als Hilfsmittel und nicht als Ersatz für Lehrpersonen verstanden werden. Lernen bleibt ein sozialer Prozess, der durch persönliche Interaktion und Kommunikation sowohl mit Mitschülern als auch mit Lehrpersonen ablaufen sollte.[188]

Durch den DigitalPakt zwischen Bund und Ländern werden zunehmend mehr Bildungseinrichtungen mit digitalen Medien ausgestattet und der Kompetenzrahmen der Kultusministerkonferenz sorgt als Grundlage für die Überarbeitung von Bildungs-, Lehr- und Rahmenplänen für die notwendige Implementierung digitaler Medien in deutschen Bildungseinrichtungen.[189] Der Einfluss digitaler Medien auf die Lehre und das Lernen wird weiter wachsen, wobei sich das ihnen zugeschriebene Potenzial, auch im Hinblick auf das personalisierte Lernen, in Zukunft zeigen wird. Deshalb sind Untersuchungen über den Einsatz digitaler Lernmaterialien und Unterrichtsmodelle nötig sowie Langzeituntersuchungen unabdingbar, um zum einen lernförderliche Medienkonzepte[190] für Bildungseinrichtungen zu entwickeln und zum anderen die dauerhafte Wirkung digitaler Medien auf das Lernverhalten zu analysieren – insbesondere im Hinblick auf die Kritik der Neurobiologie.[191]

---

[187] Vgl. Kapitel 4.
[188] Vgl. Lembke/Leipner (2015): 196.
[189] Vgl. Bundesministerium für Bildung und Forschung (2016a): 6, Kultusministerkonferenz (2016): 14 f.
[190] „Das Ziel eines schulumfassenden Medienkonzeptes ist es, Lernen mit Medien systematisch in Lernprozesse zu integrieren. Schüler erwerben so Kenntnisse, Einsichten, Fähigkeiten und Fertigkeiten, um den Herausforderungen in einer von Medien beeinflussten Welt gerecht zu werden." Medienberatung NRW (2018): o. S.
[191] Vgl. Kapitel 4.3.

Anhang

Anhang 1: *Tableau der Herausforderungen, Chancen und Risiken*

Herausforderungen	Chancen	Risiken
• Schulen ausreichend mit digitalen Medien ausstatten • Leistungsfähige, stabile, lernförderliche und sichere Netzwerkinfrastruktur schaffen • Datenschutz • Datensicherheit • Urheberrecht • Lehreraus- und fortbildung erweitern • Bildungs-, Lehr- und Rahmenpläne müssen überarbeitet werden	• Personalisiertes Lernen • Schnellere Verfügbarkeit unterschiedlicher und differenzierter Materialien • Simulation realer oder fiktiver Prozesse im Unterricht • Adaptive Lernsoftware fördert Schüler in ihren Möglichkeiten • Zeit- und ortsunabhängiges Lernen • Förderung der Entwicklung und Identitätsbildung der Lernenden sowie der demokratischen und gesellschaftlichen Teilhabe durch mehr Freiheit und eigene Entscheidungen im Lernprozess des jeweiligen Schülers • Direkte individuelle Rückmeldung zum Leistungsstand • Intensivere Aneignung und Auseinandersetzung mit Lehrinhalten durch ständige Verfügbarkeit • Die digitale Zusammenarbeit auf Lernplattformen unterstützt die Entwicklung sozialer Kompetenzen • Erweitert die Teilhabe an Bildung • Leistungsfähigeres und chancengerechtes Bildungssystem	• Digitale Ungleichheit • Leistungsfähigkeit des Gehirns kann abnehmen • Entwicklung des Gehirns kann geschädigt werden • Gewalthaltige Inhalte • Cybermobbing • Internet- und Computerspielsucht • Datenmissbrauch • Kopieren von Inhalten und somit oberflächliche Auseinandersetzung • Ablenkung vom Unterricht

Literaturverzeichnis

Anger, Christina/Plünnecke, Axel/Schüler, Ruth Maria (2018): INSM-Bildungsmonitor 2018. Teilhabe, Wohlstand und Digitalisierung. Studie im Auftrag der Initiative Neue Soziale Marktwirtschaft (INSM). Köln: Institut der deutschen Wirtschaft.

Autorengruppe Bildungsberichterstattung (2014): Bildung in Deutschland 2014. Ein indikatorengestützter Bericht mit einer Analyse zur Bildung von Menschen mit Behinderungen. Bielefeld: Bertelsmann Verlag.

Banse, Christian/Stephanow, Philipp (2018): Motivation, Bausteine und Vorgehensweise. In: Krcmar, Helmut/Eckert, Claudia/Roßnagel, Alexander/Sunyaev, Ali/Wiesche, Manuel (Hrsg.): Management sicherer Cloud-Services. Entwicklung und Evaluation dynamischer Zertifikate. Wiesbaden: Springer Gabler: 1-6.

Bitkom (2018): Über uns. URL: https://www.bitkom.org/Bitkom/Ueber-uns/, Abruf am 27.09.2018.

Bogedan, Claudia (2016): Vorwort. In: Bildung in der digitalen Welt. Strategie der Kultusministerkonferenz. Berlin: Sekretariat der Kultusministerkonferenz: 5-6.

Bos, Wilfried/Eickelmann, Birgit/Gerick, Julia (2014): Computer- und informationsbezogene Kompetenzen von Schülerinnen und Schülern der 8. Jahrgangsstufe in Deutschland im internationalen Vergleich. In: Bos, Wilfried/Eickelmann, Birgit/Gerick, Julia/Goldhammer, Frank/Schaumburg, Heike/Schwippert, Knut/Senkbeil, Martin/Schulz-Zander, Renate/Wendt, Heike (Hrsg.): ICILS 2013. Computer- und informationsbezogene Kompetenzen von Schülerinnen und Schülern in der 8. Jahrgangsstufe im internationalen Vergleich. Münster: Waxmann Verlag: 113-146.

Breidenstein, Georg/Rademacher, Sandra (2016): Individualisierung und Standardisierung von Unterrichtszeit. Empirische Beobachtungen und Analysen. In: Rabenstein, Kerstin/Wischer, Beate (Hrsg.): Individualisierung schulischen Lernens. Mythos oder Königsweg? Seelze: Klett Kallmeyer: 16-32.

Breiter, Andreas/Welling, Stefan/Stolpmann, Björn Eric (2010): Medienkompetenz in der Schule. Integration von Medien in den weiterführenden Schulen in

Nordrhein-Westfalen. Schriftenreihe Medienforschung der Landesanstalt für Medien Nordrhein-Westfalen. Band 64. Düsseldorf: Landesanstalt für Medien Nordrhein-Westfalen.

Brockhaus (2018): Definition „Lernen". URL: https://brockhaus.de/ecs/enzy/article/lernen, Abruf am 30.08.2018.

Bundesministerium für Arbeit und Soziales (2013): Lebenslagen in Deutschland. Armuts- und Reichtumsberichterstattung der Bundesregierung. Bonn: Bundesministerium für Arbeit und Soziales.

Bundesministerium für Arbeit und Soziales (2017): Lebenslagen in Deutschland. Der Fünfte Armuts- und Reichtumsbericht der Bundesregierung. Berlin: Bundesregierung.

Bundesministerium für Bildung und Forschung (2016a): Bildungsoffensive für die digitale Wissensgesellschaft. Strategie des Bundesministeriums für Bildung und Forschung. Berlin: Bundesministerium für Bildung und Forschung.

Bundesministerium für Bildung und Forschung (2016b): Digitale Medien in der beruflichen Bildung. Förderprogramm des Bundesministeriums für Bildung und Forschung. Berlin: Bundesministerium für Bildung und Forschung.

Bundesministerium für Bildung und Forschung (2017): Digitale Innovationen. Neue Dimensionen von Bildung und Wissenschaft erschließen. Berlin: Bundesministerium für Bildung und Forschung.

Bundesministerium für Bildung und Forschung (2018a): Wissenswertes zum DigitalPakt Schule. URL: https://www.bmbf.de/de/wissenswertes-zum-digitalpakt-schule-6496.html, Abruf am 26.08.2018.

Bundesministerium für Bildung und Forschung (2018b): Bildung Digital. Digitale Medien in der beruflichen Bildung. URL: https://www.bmbf.de/de/digitale-medien-in-der-bildung-1380.html, Abruf am 02.09.2018.

Châlons, Christophe/Dufft, Nicole (2016): Die Rolle der IT als Enabler für Digitalisierung. In: Abolhassan, Ferri (Hrsg.): Was treibt die Digitalisierung? Warum an der Cloud kein Weg vorbeiführt. Wiesbaden: Springer Gabler: 27-37.

Davenport, Thomas (2014): Big data @ work. Chancen erkennen, Risiken verstehen. München: Vahlen.

35

Deloitte (2013): Digitalisierung im Mittelstand. URL: https://www2.deloitte.com/content/dam/Deloitte/de/Documents/Mittelstand/Digitalisierung-im-Mittelstand.pdf, Abruf am 02.09.2018.

Die Bundesregierung (2016): Regierungsbericht Lebensqualität. Gerechte Bildungschancen für alle. URL: https://www.bundesregierung.de/Content/DE/Artikel/2016/11/2016-11-28-gut-leben-5-gerechte-bildungschancen.html, Abruf am 26.08.2018.

Diefenbach, Heike (2009): Der Bildungserfolg von Schülern mit Migrationshintergrund im Vergleich zu Schülern ohne Migrationshintergrund. In: Becker, Rolf (Hrsg.): Lehrbuch der Bildungssoziologie. Wiesbaden: VS Verlag für Sozialwissenschaften: 433-458.

Dohnicht, Jörg (2014): Medien im Unterricht. In: Bovet, Gislinde/Huwendiek, Volker (Hrsg.): Leitfaden Schulpraxis. Pädagogik und Psychologie für den Lehrerberuf, 7. Aufl. Berlin: Cornelsen: 164-184.

Dräger, Jörg/Müller-Eiselt, Ralph (2015): Die digitale Bildungsrevolution. Der radikale Wandel des Lernens und wie wir ihn gestalten können, 2. Aufl. München: Deutsche Verlags-Anstalt.

Ebel, Christian (2017): Lernen mit digitalen Medien in der Schule – Erweiterung der didaktischen Möglichkeiten für individuelle Förderung. In: Bertelsmann Stiftung (Hrsg.): Individuell fördern mit digitalen Medien. Chancen, Risiken, Erfolgsfaktoren, 2.Aufl. Gütersloh: Verlag Bertelsmann Stiftung: 12-18.

Ebel, Christian/Manthey, Livia/Müter, Julia/Spannagel, Christian (2017): „Flip your class!" – Ein entwicklungsorientiertes Forschungsprojekt an Berliner Schulen. In: Bertelsmann Stiftung (Hrsg.): Individuell fördern mit digitalen Medien. Chancen, Risiken, Erfolgsfaktoren, 2.Aufl. Gütersloh: Verlag Bertelsmann Stiftung: 311-337.

Eckert, Ela (2017): Individuelles Fördern. In: Meyer, Hilbert: Was ist guter Unterricht? 12. Aufl. Berlin: Cornelsen: 86-103.

Eickelmann, Birgit/Gerick, Julia/Bos, Wilfried (2014): Die Studie ICILS 2013 im Überblick – Zentrale Ergebnisse und Entwicklungsperspektiven. In: Bos, Wilfried/Eickelmann, Birgit/Gerick, Julia/Goldhammer, Frank/Schaumburg, Heike/Schwippert, Knut/Senkbeil, Martin/Schulz-Zander,

Renate/Wendt, Heike (Hrsg.): ICILS 2013. Computer- und informationsbezogene Kompetenzen von Schülerinnen und Schülern in der 8. Jahrgangsstufe im internationalen Vergleich. Münster: Waxmann Verlag: 9-32.

Fasel, Daniel/Meier, Andreas (2016): Big Data. Grundlagen, Systeme und Nutzungspotenziale. Wiesbaden: Springer Vieweg.

Feierabend, Sabine/Plankenhorn, Theresa/Rathgeb, Thomas (2017): JIM – Studie 2017. Jugend, Information, (Multi-)Media. Basisuntersuchungen zum Medienumgang 12- bis 19-Jähriger. Stuttgart: Medienpädagogischer Forschungsverbund Südwest.

Gapski, Harald (2015): Big Data und Medienbildung. Zwischen Kontrollverlust, Selbstverteidigung und Souveränität in der digitalen Welt. Düsseldorf/München: kopaed Verlag.

Groebel, Jo/Gehrke, Gernot (2003): Internet 2002: Deutschland und die Digitale Welt: Internetnutzung und Medieneinschätzung in Deutschland und Nordrhein-Westfalen im Internationalen Vergleich. Schriftenreihe Medienforschung der Landesanstalt für Medien Nordrhein-Westfalen. Band 46. Opladen: Leske und Budrich.

Groff, Jennifer S. (2017): Personalized Learning: The State of the Field & Future Directions. [Personalisiertes Lernen. Aktueller Stand und zukünftige Entwicklungen]. URL: https://dam-prod.media.mit.edu/x/2017/04/26/PersonalizedLearning_CCR_April2017.pdf, Abruf am 07.09.2018.

Hartmann, Werner/Hundertpfund, Alois (2015): Digitale Kompetenz. Was die Schule dazu beitragen kann. Bern: hep Verlag.

Hasebrook, Joachim/Brünken, Roland (2010): Aptitude-Treatment-Interaktion. In: H. Rost, Detlef (Hrsg.): Handwörterbuch Pädagogische Psychologie, 4. Aufl. Weinheim/Basel: Beltz: 23-28.

Heinen, Richard/Kerres, Michael (2017): Individuelle Förderung mit digitalen Medien. Handlungsfelder für die systematische, lernförderliche Integration digitaler Medien in Schule und Unterricht. In: Bertelsmann Stiftung (Hrsg.): Individuell fördern mit digitalen Medien. Chancen, Risiken, Erfolgsfaktoren, 2.Aufl. Gütersloh: Verlag Bertelsmann Stiftung: 96-161.

Hertel, Silke/Fingerle, Michael/Rohlfs, Carsten (2016): Gestaltung adaptiver Lerngelegenheiten in der Schule. In: Rabenstein, Kerstin/Wischer, Beate (Hrsg.): Individualisierung schulischen Lernen. Mythos oder Königsweg? Seelze: Klett Kallmeyer: 64-75.

Herzig, Bardo (2017): Digitalisierung und Mediatisierung – didaktische und pädagogische Herausforderungen. In: Fischer, Christian (Hrsg.): Pädagogischer Mehrwert? Digitale Medien in Schule und Unterricht. Münster: Waxmann: 25-57.

Hess, Thomas (2016): Digitalisierung. URL: http://www.enzyklopaedie-der-wirtschaftsinformatik.de/lexikon/technologien-methoden/Informatik--Grundlagen/digitalisierung, Abruf am 02.09.2018.

Holmes, Wayne/Anastopoulou, Stamatina/Schaumburg, Heike/Mavrikis, Manolis (2018): Personalisiertes Lernen mit digitalen Medien. Ein roter Faden. Stuttgart: Robert Bosch Stiftung.

Horvath, Sabine (2013): Aktueller Begriff. Big Data. In: Wissenschaftliche Dienste. Deutscher Bundestag, 37(13): 1-2.

Initiative D21 e. V. (2016): Sonderstudie.»Schule Digital«. Lehrwelt, Lernwelt, Lebenswelt: Digitale Bildung im Dreieck SchülerInnen-Eltern-Lehrkräfte. Berlin: Initiative D21 e. V.

Initiative D21 e. V. (2018): Über uns. URL: https://initiatived21.de/uber-uns/, Abruf am 27.09.2018.

Jank, Werner/Meyer, Hilbert (2014): Didaktische Modelle, 11. Aufl. Berlin: Cornelsen.

Jansen, Marc/Bollen, Lars/Hoppe, H. Ulrich (2018): Technologiekonzepte zur Unterstützung mobiler Lernszenarien durch Cloud Computing. In: De Witt, Claudia/Gloerfeld, Christina (Hrsg.): Handbuch Mobile Learning 12. Wiesbaden: Springer VS: 101-122.

Kiesel, Andrea/Koch, Iring (2012): Lernen. Grundlagen der Lernpsychologie. Wiesbaden: VS Verlag für Sozialwissenschaften.

Kober, Ulrich/Müller-Eiselt, Ralph (2014): Vorwort. In: Herzig, Bardo (Hrsg.): Wie wirksam sind digitale Medien im Unterricht? Gütersloh: Bertelsmann Stiftung: 6-7.

Kober, Ulrich/Zorn, Dirk (2017): Die Herausforderung der Digitalisierung: Pädagogik vor Technik. In: Bertelsmann Stiftung (Hrsg.): Individuell fördern mit digitalen Medien. Chancen, Risiken, Erfolgsfaktoren, 2.Aufl. Gütersloh: Verlag Bertelsmann Stiftung: 8-11.

Köhler, Horst (2008): „Ungleichheit: Wieviel brauchen wir? Wieviel vertragen wir?" Eröffnungsansprache von Bundespräsident Horst Köhler zum 47. Deutschen Historikertag am 30. September 2008 in Dresden.

KPMG (2016): Mit Daten Werte schaffen. Report 2016. URL: http://cdn2.hubspot.net/hubfs/571339/LandingPages-PDF/kpmg-mdws-201-sec.pdf, Abruf am 02.09.2018.

Krapp, Andreas (2007): Lehren und Lernen. In: Tenorth, Heinz-Elmar/Tippelt, Rudolf (Hrsg.): BELTZ Lexikon Pädagogik. Weinheim/Basel: Beltz Verlag: 454-457.

Kroschwald, Steffen (2016): Informationelle Selbstbestimmung in der Cloud. Datenschutzrechtliche Bewertung und Gestaltung des Cloud Computing aus dem Blickwinkel des Mittelstands. Wiesbaden: Springer Vieweg.

Kultusministerkonferenz (2016): Bildung in der digitalen Welt. Strategie der Kultusministerkonferenz. Berlin: Sekretariat der Kultusministerkonferenz.

Kultusministerkonferenz (2018): Inklusion - gemeinsames Leben und Lernen. URL: https://www.kmk.org/themen/allgemeinbildende-schulen/inklusion.html, Abruf am 26.08.2018.

Ladel, Silke/Knopf, Julia/Weinberger, Armin (2018): Digitalisierung und Bildung. Wiesbaden: Springer Vieweg.

Lahner, Alexander (2011): Bildung und Aufklärung nach PISA. Theorie und Praxis außerschulischer politischer Jugendbildung. Wiesbaden: VS Verlag für Sozialwissenschaften.

Lembke, Gerald/Leipner, Ingo (2016): Die Lüge der digitalen Bildung. Warum unsere Kinder das Lernen verlernen, 3. Aufl. München: Redline Verlag.

Lins, Sebastian/Sunyaev, Ali (2018): Klassifikation von Cloud-Services In: Krcmar, Helmut/Eckert, Claudia/Roßnagel, Alexander/Sunyaev, Ali/Wiesche, Manuel (Hrsg.): Management sicherer Cloud-Services: Entwicklung und Evaluation dynamischer Zertifikate. Wiesbaden: Springer Gabler: 7-14.

Medienberatung NRW (2018): Medienkonzept. URL: http://www.medienbera-tung.schulministerium.nrw.de/medienkonzept/, Abruf am 21.09.2018.

Mertens, Peter/Barbian, Dina/Baier, Stephan (2017): Digitalisierung und Industrie 4.0 – eine Relativierung. Wiesbaden: Springer VS.

Meyer, Hilbert (2016): Unterrichtsmethoden I. Theorieband, 16. Aufl. Berlin: Cornelsen.

Meyer, Hilbert (2017): Was ist guter Unterricht? 12. Aufl. Berlin: Cornelsen.

Ministerium für Arbeit, Gesundheit und Soziales des Landes Nordrhein-Westfalen (2018): Lebenslagen von Kindern und Jugendlichen in Nordrhein-Westfalen. Düsseldorf: Ministerium für Arbeit, Gesundheit und Soziales des Landes Nordrhein-Westfalen.

Ministerium für Wirtschaft, Innovation, Digitalisierung und Energie des Landes Nordrhein-Westfalen (2018): Digitalisierung. URL: https://www.wirt-schaft.nrw/digitalisierung, Abruf am 28.08.2018.

MMB-Institut für Medien- und Kompetenzforschung (2014): Wenn der digitale Lernassistent uns an die Hand nimmt. Zukunftstrend Adaptives Lernen – ein Überblick. Essen: MMB-Institut für Medien- und Kompetenzforschung.

OECD (2015): Bildung auf einen Blick 2015. OECD-Indikatoren. URL: https://www.google.com/url?sa=t&rct=j&q=&esrc=s&source=web&cd=5 &ved=2ahUKEwiDyeT_prfdAhWCy6QKHZGoCPQQFjAEegQIB-hAC&url=https%3A%2F%2Fwww.bmbf.de%2Ffiles%2FOECD_Educa-tion_at_a_Glance_2015.pdf&usg=AOvVaw3K-LliLeH_LTdc5IZgm8Dv, Abruf am 13.09.2018.

OECD (2018): Ziel der Organisation für wirtschaftliche Zusammenarbeit und Entwicklung. URL: http://www.oecd.org/berlin/dieoecd/, Abruf am 17.09.2018.

Petko, Dominik (2014): Einführung in die Mediendidaktik: Lehren und Lernen mit digitalen Medien. Weinheim: Beltz.

Pilz, Simone (2018): Schulentwicklung als Antwort auf Heterogenität und Ungleichheit. Wiesbaden: VS Verlag.

Rabenstein, Kerstin/Wischer, Beate (2016): Forschung zur Individualisierung im und von Unterricht. Zur Einführung in die Diskussion. In: Rabenstein,

Kerstin/Wischer, Beate (Hrsg.): Individualisierung schulischen Lernen. Mythos oder Königsweg? Seelze: Klett Kallmeyer: 6-15.

Reusser, Kurt/Pauli, Christine/Stebler, Rita (2018): Personalisiertes Lernen. In: Zeitschrift für Pädagogik, 64(2): 159-178.

Richter, Mathias (2018): Staatssekretär Richter: Einigung zur Einführung von LOGINEO NRW – Start im Herbst 2018. URL: https://www.schulministerium.nrw.de/docs/bp/Ministerium/Presse/Pressemitteilungen/2018_17_LegPer/PM20180629_Logineo/msb-29_06_2018.pdf, Abruf am 19.09.2018.

Rudolph, Daniel/Sparwald, Markku (2016): „Personalisiertes Lernen": Ein pädagogischer Fachbeitrag. URL: https://www.wissensschule.de/personalisiertes-lernen-ein-paedagogischer-fachbeitrag/, Abruf am 27.08.2018.

Scharnagl, Susanne/Evanschitzky, Petra/Streb, Judith/Spitzer, Manfred/Hille, Katrin (2014): Sixth Graders Benefit from Educational Softare when Learning about Fractions: A Controlled Classroom study. [Sechstklässler profitieren von Lernsoftware, wenn sie Bruchrechnung erlernen. Eine kontrollierte Klassenbeobachtungsstudie]. URL: https://scholarcommons.usf.edu/cgi/viewcontent.cgi?article=1129&context=numeracy, Abruf am 15.09.2018.

Schaumburg/Heike (2017): Chancen und Risiken digitaler Medien in der Schule. Medienpädagogische und -didaktische Perspektiven. In: Bertelsmann Stiftung (Hrsg.): Individuell fördern mit digitalen Medien. Chancen, Risiken, Erfolgsfaktoren, 2.Aufl. Gütersloh: Verlag Bertelsmann Stiftung: 20-94.

Schmidt-Thieme, Barbara/Weigand Hans-Georg (2015): Medien. In: Bruder, Regina/Hefendehl-Hebeker, Lisa/Schmidt-Thieme, Barbara/Weigand, Hans-Georg (Hrsg.): Handbuch der Mathematikdidaktik. Berlin/Heidelberg: Springer Spektrum: 461-490.

SchulG (2005): Schulgesetz für das Land Nordrhein-Westfalen vom 15.02.2005 (GV. NRW. S. 102) mit allen späteren Änderungen in der Fassung vom 21.07.2018 (SGV. NRW. 223).

Spannagel, Christian (2017): Flipped Classroom: Den Unterricht Umdrehen? In: Fischer, Christian (Hrsg.): Pädagogischer Mehrwert? Digitale Medien in Schule und Unterricht. Münster: Waxmann: 155-159.

Spitzer, Manfred (2012): Digitale Demenz. Wie wir uns und unsere Kinder um den Verstand bringen. München: Droemer Verlag.

Spitzer, Manfred (2014): Information technology in education: Risks and side effects. [Informationstechnik in der Bildung: Risiken und Nebenwirkungen]. URL: https://www.sciencedirect.com/science/article/pii/S2211949314000350/pdfft?md5=7a351104c9102c1bc077f2fbe3b 65d87&pid=1-s2.0-S2211949314000350-main.pdf, Abruf am 21.09.2018.

Sturm, Tanja (2013): Lehrbuch Heterogenität in der Schule. München: Ernst Reinhardt Verlag.

Teague, Anna (2016): Ohne Qualität keine Innovation. In: Abolhassan, Ferri (Hrsg.): Was treibt die Digitalisierung? Warum an der Cloud kein Weg vorbeiführt. Wiesbaden: Springer Gabler: 91-101.

Tenorth, Heinz-Elmar/Tippelt, Rudolf (2007): BELTZ Lexikon Pädagogik. Weinheim/Basel: Beltz Verlag.

Teuchert-Noodt, Gertraud (2016): Zu Risiken und Chancen fragen Sie das Gehirn. Erkenntnisse der Neurobiologie zum Lernen mit digitalen Medien. In: Lembke, Gerald/Leipner, Ingo. Die Lüge der digitalen Bildung. Warum unsere Kinder das Lernen verlernen, 3. Aufl. München: Redline Verlag: 212-231.

Trautmann, Matthias/Wischer, Beate (2011): Heterogenität in der Schule. Eine kritische Einführung. Wiesbaden: VS Verlag.

Tschirner, Martina (2017): Unterrichtseinheit. Soziale Mobilität. Düsseldorf: Hans-Böckler-Stiftung.

Tulodziecki, Gerhard/Herzig, Bardo (2004): Handbuch Medienpädagogik. Band 2. Mediendidaktik. Stuttgart: Klett-Cotta.

Urbach, Nils/Ahlemann, Frederik (2016): IT-Management im Zeitalter der Digitalisierung: Auf dem Weg zur IT-Organisation der Zukunft. Berlin/Heidelberg: Springer Gabler.

Verband Bildung und Erziehung (2018): Schul- und Bildungspolitik. Ziele und Positionen. https://www.vbe.de/arbeitsbereiche/schul-undbildungspolitik/ziele-und-positionen/, Abruf am 27.09.2018.

Wanka, Johanna (2016): Vorwort. In: Bundesministerium für Bildung und Forschung. Bildungsoffensive für die digitale Wissensgesellschaft. Strategie des Bundesministeriums für Bildung und Forschung. Berlin: Bundesministerium für Bildung und Forschung: 2.

Wetterich, Frank/Burghart, Martin/Rave, Norbert (2014): Initiative D21 e.V. Medienbildung an deutschen Schulen. Handlungsempfehlungen für die digitale Gesellschaft. Berlin: atene KOM GmbH.

Wirtz, Britta/Dietz, Ulrich/Beckmann, Udo (2016): Digitale Schule – vernetztes Lernen. URL: https://www.google.com/url?sa=t&rct=j&q=&esrc=s&source=web&cd=2 &ved=2ahUKEwjz64eWprXdAhVMM-wKHUm_AAYQF-jABegQICBAC&url=https%3A%2F%2Fwww.vbe.de%2Ffilead-min%2Fuser_upload%2FVBE%2FService%2FMeinungsumfra-gen%2F2016_01_13_Studiens_Digitale_Schule_Gra-fik.pdf&usg=AOvVaw1zpEG1qN5XaF1RImPC9Z8a, Abruf am 11.09.2018.

Zillien, Nicole (2009): Digitale Ungleichheit. Neue Technologien und alte Ungleichheiten in der Informations- und Wissensgesellschaft, 2. Aufl. Wiesbaden: VS Verlag für Sozialwissenschaften.

Zylka, Johannes/Schmidt, Christian/Helling, Valentin (2017): Digitale Medien in schulischen Bildungszusammenhängen. In: Zylka, Johannes (Hrsg.): Schule auf dem Weg zur personalisierten Lernumgebung. Modelle neuen Lehrens und Lernens. Weinheim: Beltz: 59-65.